# 주식 시장의 비밀
# 머니 사이클

# 주식 시장의 비밀
# 머니 사이클

안동훈 지음

두드림미디어

수십 년간 주식 투자를 하면서 이제서야 깨달은 것이 있습니다. 그것은 돈이라는 것의 성질입니다. 이 돈에 대한 성질을 이해하지 못하면 주식 투자를 비롯한 재테크 시장에서 좋은 수익을 낼 수 없다고 봅니다. 뿐만 아니라 살아가면서 찾아오는 인생의 기회를 잡을 수도 있고 놓칠 수도 있다고 봅니다.

그렇다면 돈의 성질은 무엇일까요? 그것은 수익성을 담보로 하는 안정성입니다. 그리고 이를 기본으로 돈은 여기저기 돌아다니면서 한 나라의 경제를 성장시키기도 하고 때로는 망하게 하기도 합니다. 이것은 비단 국가만 적용되는 것이 아니라 기업과 개인에게도 적용되는 이야기입니다.

그런데 재미있는 사실은 돈은 몰려다닌다는 것입니다. 수익성이 좋은 자산 시장으로 몰려가기도 하고 수익성은 낮지만 안정성이 있다면 그곳으로 몰려가기도 합니다. 주식 시장은 이러한 현상이 너무나 자주 나타나는 곳입니다. 그래서 이 돈의 움직임을 이해만 한다면 경제가 어떻게 움직여도 돈을 벌 수 있습니다. 저는 경제 순환에 따른 돈의 움직임을 '머니 사이클'이라고 부르고 있습니다.

저는 이러한 머니 사이클을 수차례 겪어보았고, 그것이 당시에는 무엇인지 몰랐으나 지금은 무엇인지 압니다. 이 머니 사이클을 제대로 이해하려면 최소 10년 이상은 주식 시장에 참여하고 있어야 하며 각 단계마다 펼쳐지는 경제 상황을 잘 이해하고 있어야 합니다. 그렇게 되면 주식 시장뿐만 아니라 부동산도, 금도, 경제도, 인생의 중요한 기로에서도 대략 예측이 가능해집니다.

이 책은 머니 사이클의 움직임과 각 경제 상황, 그리고 다른 자산 시장에 대한 공부를 실전적인 측면에서 다루고 있어서 여러분들이 투자 수익률을 높이는 데 매우 유용하리라고 봅니다. 책 중간중간마다 경제적인 이야기를 다루게 되는데, 이것은 철저히 투자자 입장의 경험을 바탕으로 한 내용이므로 실전 투자에 큰 도움이 될 것입니다.

저는 강의를 할 때 이런 이야기를 꼭 합니다. 금융 시장과 실물 경기는 같이 움직이지 않고 금융 시장이 먼저 움직인다고 말입니다. 금융 시장이 좋게 움직이면 실물 경기도 좋아지고, 금융 시장이 나쁘게 움직이면 실물 경기도 나빠집니다. 그래서 금융 시장과 실물 경기를 같은 선상에 놓으면 안 됩니다.

이 책을 통해 여러분도 돈이 흐르는 이치를 알게 되기를 바랍니다. 거대 자본의 흐름을 이해하고 따라가기만 한다면 우리의 투자 수익률은 높아지게 될 것이고, 좀더 안정된 투자 심리를 갖게 될 것입니다. 참고로 이 책은 제가 이전에 출간한 《주식 투자와 머니사이클》의 업그레이드 버전이라고 보시면 됩니다. 아무쪼록 이 책을 통해 투자 시장과 경제에 대해 이해하는 기회가 되기를 진심으로 바라겠습니다. 감사합니다.

파도를 움직이는 것이 바람이라고 합니다.
그렇다면 바람을 불게 하는 것은 무엇일까요?

안동훈

# 목차

## PART 01
## 주식, 투자, 산업, 경제, 기회, 머니 사이클에 미치는 요소들

# PART 02
# 머니 사이클과 경제 순환

## PART 03
## 주식, 투자, 산업, 경제, 기회, 머니 사이클에 미치는 영향들

# 주식, 투자, 산업, 경제, 기회, 머니 사이클에 미치는 요소들

# 금리
## – 경기의 방향을 알게 해주는 기준금리

금리는 경제의 혈관이다. 돈은 때로는 넘쳐나서 혈관이 무리하게 팽창되기도 하고 반면에 돈이 흘러야 하는데 혈관에 장애물이 점점 쌓여서 자금 경색이 일어나기도 한다. 심지어는 혈관이 반대로 막혀서 터지기도 한다. 돈이 혈관을 따라 잘 흐를 수 있게 하는 것은 무엇일까? 그것은 바로 금리다.

금리를 대하는 개인과 기업의 입장은 좀 다르다. 개인은 금리가 오르면 대출 이자 부담으로 다소 어려움을 겪는다. 물론 기업도 대출 이자 부담을 무시할 수 없다. 하지만 은행이 기업에게 대출해주는 근본적인 이유는 대출 이자를 중기적으로 받고, 원금을 빨리 상환받고 싶어 하지 않기 때문이다. 은행은 기업이 사업이 잘되어 원금 상환을 받기보다는 지속적인 이자를 받고 싶어한다.

당신이 만약에 연 10%로 누군가에게 대출을 해주었다고 가정해보자. 그 사람이 돈을 잘 벌고 있고 신용도 좋은 관계라면 당신은 10년 동안 이자만 받더라도 원금이라는 막대한 이윤을 얻게 되고, 그 사람이 만약 10년이 지나서도 이자를 계속해서 준다면 이는 엄청난 사업이 아닐 수 없다. 은행이 개인에게 이렇게 할 수는 없으나 기업에게는 이러한 평가가 적용될 수 있기 때문에 금리를 올리고 내리는 것은 기업들의 상황을 보고 판단하게 된다.

좀 더 넓게 보면 각국의 중앙은행이 금리를 결정할 때, 그 나라의 산업 또는 경제가 잘 돌아가는 상황이라면 인상하고 잘 안 돌아가면 인하하게 된다. 이러한 금리는 미국을 중심으로 전 세계 경제가 같이 움직이기 때문에 미국 기준금리를 잘 이해해야 한다. 그렇다면 경기가 좋은 시기에 금리가 올라가면 주식 시장은 하락할까? 상승할까? 정답은 주식 시장은 상승한다. 이유는 아주 간단하다.

쉽게 예를 들어보자. 당신이 기업을 운영하는 대표라고 하고 여러 은행으로부터 돈을 빌려서 사업을 운영하려고 한다. 은행들은 당신에게 저금리로 돈을 빌려주고 당신은 저금리의 대출 이자를 은행에 주면 된다. 당신의 회사는 이러한 자금으로 상품을 개발하고 판매해 향후 매출이 늘어났다. 사업은 나날이 번창해 매출은 더욱 늘어나게 되었고, 회사는 은행에서 빌린 돈을 다 갚을 정도로 현금도 많이 쌓였다. 자, 그런데 여기서 질문을 하나 하겠다.

은행은 무엇으로 이익을 낼까?

우리가 잘 알고 있듯이 기업과 개인에게 돈을 빌려주고 이때 발생하는 이자로 수익을 얻는 구조다. 그렇다면 은행은 당신의 회사가 재정적으로 매우 건실한데 굳이 원금 상환을 요구하는 것이 맞을까? 당신이 은행 입장이라도 아마 대출 상환기간을 좀 더 연장해 이자를 지속적으로 받기를 원할 것이다. 대신 기업과 협의해 이자 조율을 할 것이다. 또한 당신의 회사도 현금을 많이 가지고 있음으로써 자금이 필요할 때 유용하게 쓰기 위해 원금 상환보다는 이자를 더 내는 것을 선택하는 것이 낫다고 판단할 것이다.

다시 은행의 입장으로 가보자. 은행은 기업에게 원금 상환을 요구하지 않고 이자만 계속해서 받을 수 있다는 것으로 해당 기업의 사업이 잘되고 있다고 판단한다. 이때 이자를 현행보다 조금 높게 해 기업의 현재 상황에 크게 영향을 주지 않는 선에서 점진적 금리 인상을 하게 된다. 따라서 저금리 상황에서 금리를 인상하는 것은 시장 경제가 좋다는 의미로 주식 시장은 해석하게 되어 금리가 인상되어도 크게 동요하지 않는 모습을 보여준다.

하지만 그동안 저금리 상황에서 금리 인상 기조로 정책이 바뀌게 되면 일시적으로 주식 시장은 변동성을 가지게 되고, 그동안의 차익 매물이 출현할 수 있다. 그러나 시간이 지나면서 경기가 좋은 상황에서 주식 시장은 본격적인 대세 상승장으로 진입하게 되고, 이때 대부분 기업의 주가는 상승세를 보인다.

또한 은행은 대출을 많이 해주다 보니 보유하는 돈이 줄어 이자를 높일 수밖에 없게 된다. 그럼에도 불구하고 기업과 가계는 경기가 좋다는 이유로 높은 이자에도 돈을 빌리려고 한다. 이때 물가는 소비 진작으로 상승한다.

그리고 이 시기 중앙은행의 기준금리 인상은 자칫 인플레이션이 발생할 수 있다고 판단해 시장 상황에 충격을 주지 않으면서도 인플레이션의 조짐을 잡는 차원에서 낮은 금리 인상을 하게 된다. 결과적으로 경기 둔화로 저금리 기조를 유지하다가 경기가 호전되어 금리 인상을 하는 경우 주식 시장에는 훈풍이 아닐 수 없다. 우리는 이 시기를 '실적 장세'라고 부른다.

그러나 문제는 점점 은행에 돈이 없기 때문에 경기 성장의 한계에 봉착하게 되고, 원활하게 시중에 돈이 돌지 못하게 된다는 것이다. 그렇게 되면 어디선가는 문제가 발생할 여지가 생기기 때문에 주식 시장은 미리 하락으로 전환하게 된다.

금리가 높아지는 상황에서는 기업이나 개인도 이자 부담이 생기면서 원금 상환 문제가 발생하게 되고, 이 시기에 은행은 오히려 금리를 인하함으로써 그 부담을 줄여주는 정책을 펼친다. 이것은 시장 경제가 그다지 좋지 않다는 신호이므로 주식 시장은 점차 하락 국면을 맞이하게 된다. 이때 은행은 금리 인하와 마찬가지로 금리 인하에 대해 시장 상황을 보면서 진행하게 된다. 더 나아가 세계적인 경제 요인이 생기면 이때는 점진적인 금리 인하와는 달리 급격한 금리 인하 정책을 쓴다. 이렇게 금리를 급격하게 인하한다는 것은 시장 경제가 제대로 작동하지 못해 주식 시장이 폭락을 거듭하게 되는 것으로, 중앙은행은 급진적인 금리 인하라는 극약 처방을 내놓게 된다. 그러면 주식 시장은 중앙은행의 저금리 정책과 양적 완화 통화 정책으로 10년에 한 번 오는 대폭등장세를 연출하게 된다.

결론적으로 낮은 금리 시대 이후 금리가 인상된다는 것은 시장 경제가 좋아져서 주식 시장의 상승 국면을 뜻하는 것이고 반대로 높은 금리 시대에서 금리를 인하한다는 것은 시장 경제가 좋지 않다는 뜻으로 주식 시장의 하락 국면을 맞이하게 된다는 것을 의미한다. 하지만 외부의 강한 충격이 오게 되면 급진적인 금리 인하로 주식 시장은 다시 살아나게 된다.

2009년부터 2015년까지 미 연방준비제도의 금리는 제로금리에 가까웠다. 이것은 기업 입장에서 엄청난 혜택이 아닐 수 없었다. 시장 경제를 살리기 위한 미국 정부의 의지를 볼 수 있었으며 주식 시장은 상승세를 보여주었고 추후 시장 경제는 호황을 누리게 된다.

이렇게 경기가 좋을 때 금리를 인상하고 경기가 안 좋을 때 금리를 인하하게 되지만 경기가 갑작스럽게 안 좋아져서 금리를 급진적으로 인하하기도 하고 통화량 증가로 물가가 급등하면 물가를 잡기 위해 의도적으로 금리를 인상시키기도 한다. 이때가 2020년 코로나19 이후로 전 세계는 시중에 돈을 많이 뿌려 급한 불을 껐지만 이것에 대한 후유증으로 물가가 급등하면서 어쩔 수 없이 금리를 올리게 되었다.

이때 금리 인상은 통화량 증가에 따른 후유증으로 주식 시장에는 엄청난 악재로 작용하게 되어 당시 엔비디아, 메타는 고점 대비 -70% 수익률이 났고 이로 인해 전 세계 증시가 1년 내내 고금리 정책에 힘겨워했던 적이 있었다.

경기가 좋아지려고 할 때 금리 인상은 주식 시장에 긍정적인 영향을 주고 어느 정도 금리가 높아지면 은행에 돈이 줄어들어 시중에 돈이 돌지 않게 되어 금리를 인하하고 시중에 돈이 풀리면서 주식 시장은 다시 상승하는 모습을 그리게 된다.

하지만 이로 인해 물가가 비정상적으로 상승하면서 결국 금리를 인상시켜 물가를 잡게 된다. 고금리 정책으로 기업은 몸살을 앓게 되어 주식 시장은 하락하게 된다. 또다시 경기가 침체에 빠지면 올랐던 금리는 다시 인하해 어려운 시기를 헤쳐나가게 된다. 이때 주식 시장은 금리 인하에 환호해 하락 후 반등 그리고 안정세를 찾아간다.

경기 상황에 따라 금리를 인상하고 인하하기 때문에 무조건 금리를 인상하면 주식 시장은 하락하고, 금리를 인하하면 무조건 주식 시장은 상승한다고 정의내리면 안 된다. 경기 순환 주기에 따라 금리 정책은 주식 시장에 영향을 미치기 때문에 이를 잘 이해하는 것이 중요하다.

# 미국 연방준비제도의 정책을 잘 이해하자

세상의 돈은 도대체 어디서 나오는 것일까? 바로 중앙은행에서 나온다. 돈, 즉 화폐는 중앙은행에서 돈을 발행해 시중 은행에 빌려주고 시중 은행은 다시 기업과 개인들에게 대출해준다. 그렇다면 미국은 어떨까? 미국의 중앙은행은 연방준비제도(Fed, 연준)에서 발행한다. 미 연방준비제도는 우리나라와 같이 정부에서 운영히는 중앙은행일까? 그렇지 않다.

미 연방준비제도는 민간은행들이 모여서 만든 제도로서 크게 화폐 발행업무와 금리정책업무를 하고 있다. 경기기 안 좋을 때는 화폐를 발행하고 또는 금리를 인하해 경기 부양을 하며, 반대로 경기가 좋을 때는 금리를 인상해 경기 조절에 나서는 행위를 하고 있다.

그럼 미 연방준비제도가 어떤 역할을 하는지 알아보자. 우리는 '양적 완화(QE)'라는 말을 많이 들었다. 그럼 양적 완화란 무엇인가? 중앙은행의 정책으로 금리 인하를 통한 경기부양 효과가 한계에 봉착했을 때 중앙은행이 국채 매입 등을 통해 유동성을 시중에 직접 푸는 정책을 양적 완화라고 말한다. 다시 말해 미국 정부가 양적 완화를 하려면 국채를 발행해 미 연방준비제도로부터 필요한 만큼의 화폐를 발행하고 이를 시중 은행에 저금리로 돈을 풀어 기업과 개인들에게 자금을 빌려주게 된다. 이러한 자금은 금융권에서는 투자 자금으로 활용되어 미국뿐만 아니라 우리나라와 같은 해외에 투자하거나 빌려주기도 하며, 기업들은 생산과 투자를 통해 기업의 매출을 높이기 위한 자금을 효율적으로 이용하게 되고, 개인들은 집이나 자동차와 같은 제품을 구입할 수 있어 소비가 증가한다. 소비가 증가하면 다시 기업의 매출이 높아지고, 기업은 생산 설비를 증설하게 되어 사람들을 신규 채용하며, 은행에 대출 이자를 잘 납입하게 된다.

　그리고 마지막으로 국가는 이러한 기업과 개인으로부터 세금을 거둬들일 수 있어 조세 정책도 안정적으로 이루어진다. 이러한 조세는 다시 국민들의 복지와 안보, 그리고 인프라와 일자리 등에 다시 쓰이고, 이때 정부는 다시 기업들에게 기회를 주고 국민에게는 행복한 삶을 영위할 수 있게 도와줌으로써 채용과 소비는 또다시 늘어나는 선순환 구조가 만들어진다. 이러한 선순환 경기는 결국 주식 시장이 활기를 띠게 되어 주가가 상승세를 계속해서 이어가는 효과를 본다. 우리는 이를 '실적 장세'라고 한다. 그리고 미 연방준비제도가 국채를 많이 가지게 되어 자산이 증가하는 것을 '자산 매입'이라고 한다.

| 미국의 양적 완화 정책의 긍정적 효과와 부작용 |

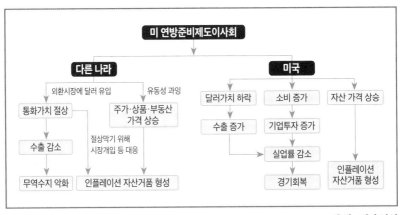

출처 : 저자 작성

　양적 완화가 가지는 역할과 경제 순환, 그리고 가장 중요한 금리에 대해서도 알아보았다. 미 연방준비제도, 즉 FED의 금리 인상 및 금리 인하에 대한 기사가 나오면 전 세계 국가와 언론 그리고 기업, 투자자들 모두 예의주시한다. 그리고 금리가 인상하거나 하락하면 넓게 보면 세계 경제와 각 나라의 경제, 작게 보면 기업과 개인의 재정에 영향을 미치기 때문에 매우 민감하게 예의주시하게 된다.

이제는 반대로 생각해보자. 만약에 미 연방준비제도가 자산 축소를 한다고 발언하면 어떻게 되겠는가? 이 말은 대출금을 상환하라는 말과 같다. 즉 국채를 매각함으로써 시중의 자금을 회수하겠다는 말로 우리가 은행으로부터 주택을 담보로 돈을 빌렸는데 원금을 갚아야 하는 상황과 같다고 보면 된다. 빠른 자산 축소와 대규모 자산 축소는 경제에 혼란을 주기 때문에 이럴 때 미 연방준비제도는 점진적으로 경제 상황을 고려해 자산 축소를 하게 된다.

그리고 경기가 회복되고 경기가 좋아지면 시장에 주는 영향을 최소하면서 금리를 점진적으로 인상하며, 이와 동시에 돈을 회수하기 위해 즉, 양적 완화에서 자산 매각 정책(출구전략)을 펼친다. 이 역시 인플레이션을 고려한 정책 결정이라고 보면 된다.

결론적으로 미 연방준비제도의 금리와 화폐 발행 전략에 따라 세계 주식 시장은 물론 산업과 금융, 실물 경기에 막대한 영향을 미친다. 특히 투자자라면 미 연방준비제도의 정책에 관심을 가져야 하고, 금리와 통화 정책에 대해서 좀 더 공부하면 투자 운영에 매우 도움이 된다. 미 연방준비제도의 정책을 제대로만 이해해도 주식 투자에서 지금이 강세장인지 약세장인지 예측할 수 있어서 항상 미 연방준비제도의 말에 귀를 기울여야 한다.

## 금리 인하 시 효과 - 대세 상승의 시그널

금리 정책 중 금리 인하 정책은 경제에 있어서 중요한 의미를 가진다. 우선 기준금리를 인하하는 것은 경기가 좋지 않다는 의미다. 그렇기 때문에 금리를 인하하는 것 자체가 경기가 어려워서 중앙은행이 기준금리를 낮추는 것이다. 하지만 주식 시장은 경기가 어려워서 금리를 인하하는 것임에도 불구하고 긍정적인 환호를 보내면서 주가는 상승세를 유지하게 된다. 왜 주식 시장은 경기가 어려운 상황과는 달리 긍정적 신호로 간주하는 것인지 이 부분에 대해 공부해보겠다.

산업은 크게 성장산업과 내수산업으로 나뉜다. 성장산업은 IT, 전자, 자동차 등으로 구성되어 있고, 내수산업은 제약, 식료품, 전기, 가스, 통신 등이 포함되는 유틸리티가 있다. 성장산업은 경기 상황에 따라 매출에 변화가 있지만 내수산업은 경기와 그다지 상관없다. 대신 성장산업에 비해 매출은 적은 편이다.

성장산업은 경기 상황에 따라 매출의 변화가 심한데 이는 경기 순환을 따르기 때문이다. 주식 시장에서는 이런 산업을 '경기 민감주'라고 부르고 반대로 경기와 그다지 상관이 없는 내수산업을 '경기 방어주'라고 부르고 있다. 성장산업은 소비에 있어서 소비자의 경제 상황에 따라 구입할 수도 있고 안 할 수도 있다. 그래서 이를 '선택성 소비재'라고 하며 내수산업은 '필수 소비재'라고 부른다.

그렇다면 금리를 인하하면 각 산업에 어떤 영향을 줄까? 금리를 인하하면 성장산업은 금융 비용의 절감 효과를 가질 수 있다. 왜냐하면 이들 성장산업은 막대한 자본이 계속해서 투입이 되어야 하기 때문에 금리 인하는 기업의 재무제표에 큰 도움이 될 수밖에 없다. 반면 내수산업은 자본 투입이 적으며 간혹 신약 개발을 위해 자본을 투입하는 바이오산업을 제외하면 금리를 인하해도 그다지 큰 도움은 되지 못한다. 오히려 현금 보유가 많은 상태라면 금리 인하는 이자 소득이 줄어드는 효과가 있지만 사실상 문제는 되지 않는다. 물론 성장산업과 내수산업은 물가의 영향을 많이 받는다. 금리가 인하한다는 것은 그만큼 물가가 하락하고 있다는 것을 의미하므로 원자재 비용 하락으로 이익 측면에서도 좋다.

앞의 내용은 단기적인 관점이라면 중장기적 관점에서 보면 소비가 진작되는 효과를 가지고 온다. 성장산업 같은 경우 자동차를 사더라도 할부를 이용하게 되는데, 이때 지불 이자가 하락한다면 소비자들은 구매 유혹을 받을 수 있고, 또한 내수산업도 가계의 금융 비용 하락으로 추가 구매 심리가 작동되어 소비가 살아나는 효과가 나타난다. 이와 더불어 명품 시장은 성장산업은 아니지만 경기 상황이 좋으면 명품에 대한 소비 심리는 크게 살아나는 것이 당연하다. 그러나 경기가 어려울 때는 이들 명품 시장도 위축될 수밖에 없다. 이러한 와중에 할부 이자에 대한 부담이 줄어들면 판매량이 늘어날 확률이 높아진다. 결국 금리 인하는 전체 산업에 있어 단기적으로나 중장기적으로 경기를 다시 일으키는 효과를 가지고 올 수 있는 강력한 정책이 아닐 수 없다.

그렇다면 투자 시기는 언제가 좋을까? 답은 나와 있다. 경기 상황이 그리 좋지 않은 상황에서 금리를 인하하는 시점이 투자 적기라고 보면 된다. 금리 인하 효과가 차후 나타나는데 그때는 각 산업마다, 각 기업마다 매출이 늘어나는 시기이므로 그 시기에 투자하는 것은 늦을 수밖에 없다. 투자자는 투자 시 리스크를 가지는데, 금리 인하 시기의 리스크는 경기가 안 좋은 상황임에도 먼저 매수를 했다는 것이 리스크가 된다. 하지만 이것은 중요하지 않다. 어차피 시간의 문제이지 경기는 활성화되기 때문이다.

| 금리 인하 시 경제 효과와 투자 적기 |

| 금리 인하 시 경제 효과 | |
|---|---|
| 성장산업 | 내수산업 |
| IT, 전자제품, 자동차, 명품 | 제약, 식료품, 유틸리티(전기, 통신 등) |
| 금융비용 감소, 소비 진작 | 소비 진작 |

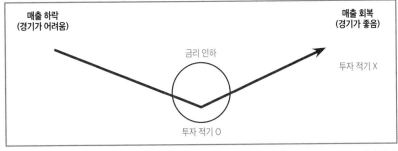

출처 : 저자 작성

이제부터는 경기 순환에 따른 각 산업의 주가 수익률에 대해 공부해 보도록 하겠다. 우선 경기가 좋을 때는 각 산업 모두 상승한다. 그중 성장산업의 상승세가 내수산업의 상승세보다 매우 클 수밖에 없다. 그리고 이 시기에는 모든 기업의 주가는 상승하게 된다. 반면 경기가 갑작스럽게 붕괴되면 유동성이 크게 늘어난다. 이때는 기업의 매출에 의한 상승보다는 엄청난 매수세에 의한 상승이라고 보면 된다. 경기가 좋을 때는 자기 자본에 의한 매수세라면 유동성 장세에서는 자기 자본과 자기 자본보다 많은 대출까지 포함한 매수세가 몰리게 됨으로써 주가는 폭등을 보인다. 이때도 모든 기업의 주가는 상승하게 된다.

그리고 경기가 안 좋을 때 성장산업은 하락 또는 주춤거릴 수밖에 없으며, 경기 둔화 시기에도 마찬가지다. 반면 내수산업은 꾸준한 상승세를 이어간다. 여기서 중요한 투자 포인트는 경기가 안 좋을 때와 경기 둔화 시기에도 지수는 상승세를 보인다는 것이다. 그 이유는 간단하다. 이 시기에 투자할 돈은 많이 줄어들지만, 일부 주식 시장에 남아 있는 돈들은 경기가 안 좋다 보니 안정적이며 수익성이 조금이라도 있는 대형주에 돈이 몰리기 때문에 지수는 상승하는 모습을 보인다. 이들 기업들은 모두 시가총액 최상위 기업이거나 시가총액이 큰 각 업종의 독점 기업들이기 때문에 이들이 움직이면 지수는 상승하는 효과를 가지고 오게 되어 이 시기 주식 투자자들은 착시효과를 겪게 된다. 내가 투자한 기업(최상위 시가총액 기업이 아닌)의 주가는 상승하지 않는데 지수가 상승하는 상황! 바로 이 시기는 돈의 힘이 선택과 집중을 보여주는 시기다.

미국 주식은 이와 더불어 환율이라는 요소가 있다. 한국의 주식 투자자들이 미국 기업에 투자할 때 겪을 수 있는 부분인데, 재미있는 것은 환율이 때론 수익률을 깎아먹는 경우도 있고 오히려 환차익으로 수익률을 극대화하는 경우도 있다는 것이다. 경기가 좋을 때는 미국 주식 시장보다 변동성이 큰 시장으로 옮겨 타기 시작한다. 바로 한국과 같은 시장으로 갈아타면 주가는 급등하게 된다. 그래서 환율은 하락하고 국내 주가는 상승하게 된다. 이런 현상은 유동성 장세에서도 나타난다. 유동성 장세 기간에는 경제 붕괴가 이루어짐으로써 이 시점에 환율은 급등하지만 돈이 풀리면 환율은 급락한다.

경기가 안 좋을 때는 당연히 달러 수요가 늘어나기 때문에 환율 강세가 이루어지고 경기 둔화 시에도 마찬가지로 환율 강세가 이어진다. 경기 둔화 시기에는 미국 기업의 주가 상승률도 있고 환율도 있어서 1+1의 효과를 발휘하게 된다.

| 경제 순환과 산업별 주가 추이 그리고 달러(미국 주식 투자 시) |

| 주가 수익률 | 성장산업 | 내수산업 | $ |
|---|---|---|---|
| 경기 불황 | ↑ → | ↑ | ↑ |
| 경기 호황 | ↑ | ↑ | ↓ |
| 유동성 장세 | ↑ | ↑ | ↓ |
| 경기 둔화 | ↑ | ↑ | ↑ |

출처: 저자 작성

정리하면, 성장산업은 경기가 안 좋을 때와 유동성 발생 시기에 잠시 하락할 뿐 대체로 상승 기조를 유지한다는 것을 알 수 있고, 내수산업은 경기 상황에 상관없이 꾸준히 상승한다. 그리고 환율까지 고려한다면 변동성이 큰 한국 주식 시장보다는 상대적으로 규모가 큰 미국 주식 시장에 투자하는 것이 자산 증식 측면에서 좋다.

주가는 '관심+실적'이다. 실적을 바탕으로 한 관심이 있다면 주가는 상승할 수밖에 없다. 더 자세히 말하면 다음과 같다.

주가=돈+심리+실적

돈+심리는 바로 관심이며 수급이기도 하다. 수급은 매수세를 말하는 것이다. 주식 투자는 실적만 보고 투자를 결정하면 안 된다. 지금까지 공부했지만 실적을 가지고 이야기할 수 있는 것은 경기가 좋을 때뿐이다. 따라서 주식 시장에 참여하는 수급을 볼 줄 알아야 한다. 그것이 주가가 움직이는 가장 큰 이유이기 때문이다. 경기가 안 좋을 때는 세상의 돈이 한쪽으로 쏠리는 반면, 경기가 좋아지면 돈은 여러 방향으로 흩어져서 다양한 투자처로 옮겨간다. 마무리하면 투자는 미래의 기대치를 보고 하는 것이다. 그래서 때로는 경기와 상관없이 주식 시장이 좋은 경우도 있다. 투자자는 실물 경기보다 앞선 상황에서 이해하는 사고를 가져야 한다. 이렇게 할 때 좋은 투자 수익률을 얻을 수 있다.

## 금리 정책과 경제 순환

금리 정책은 금리를 인상하는 정책도 있지만 금리를 인하하는 정책도 있다. 금리를 인상하는 경우는 2가지가 있다. 첫 번째는 통화량이 갑자기 증가해 물가가 높아지는 것을 안정시키기 위한 물가 잡기 정책이고, 두 번째는 경기가 좋아지면서 지나친 경기 기대감에 따른 거품 형성을 예방하기 위한 정책이다.

흥미로운 사실은 경기가 너무 나빠지는 것을 막기 위한 것과 경기가 너무 좋아지는 것을 막기 위한 중앙은행의 수단으로 금리 인상 카드를 사용한다는 것이다. 한마디로 경제가 좋든 나쁘든 지나치면 조절 대상이 된다는 것을 알 수 있다. 그만큼 중앙은행이 물가 조절에 매우 신경쓰고 있다는 것을 조금이나마 알 수 있는 대목이기도 하다.

반면에 금리를 인하하는 것은 현재 경제 상황이 여의치 않기 때문에 중앙은행이 경기에 활력을 불어넣으려고 할 때 사용하는 정책이다. 물론 고물가가 잡혀서 금리를 인하하는 경우도 있지만 이 상황도 경기가 좋지 않다는 것을 의미하기도 한다. 왜냐하면 고물가를 잡기 위해 고금리 정책을 오랫동안 펼치면 경제는 힘들어질 수밖에 없다. 고통을 감내하는 중에 물가가 잡히면 금리를 인하해 숨통을 트이게 하기 위해서다. 결국 경기가 어렵기 때문에 금리를 내리는 것으로 봐야 한다. 자칫 이 시기를 놓치면 금리를 인하해도 경기가 살아나지 못할 수 있기 때문에 중앙은행의 금리 정책은 골든타임이 매우 중요하다.

그렇다면 금리 정책의 속도는 어떨까? 금리 정책에서 정책을 실행하는 골든타임도 중요하지만 금리 속도도 매우 중요하다. 금리 속도는 25bp(베이비 스텝)씩 움직이는 경우도 있고, 상황에 따라 50bp(빅 스텝), 75bp(자이언트 스텝), 100bp(울트라 스텝) 등인 경우도 있다.

금리 인상 시기는 경기가 좋을 때와 유동성이 많이 풀려서 급등하는 물가를 잡으려는 시기로 나눌 수 있다. 경기가 좋을 때는 점진적 상승을 하지만 유동성이 큰 시기에는 금리 인상 속도가 가파른 편에 속한다. 반면, 금리 인하 시기는 경기가 과열이 되었을 때 시장의 요구에 의해 내리기도 하고(이 시기가 경기 고점일 확률이 매우 높다), 경기가 갑작스럽게 붕괴되는 시기에 금리를 급락시키는 경우도 있다. 또한 고물가를 잡아야 할 시기에 올린 금리 때문에 경기가 안 좋아지는 상황이 전개되어 다시 급하게 인하하는 경우도 있다.

정리하면, 금리 정책은 경기 상황에 따라 인상과 인하를 반복하고, 그 효과를 보기 위해서는 골든타임도 중요하고 속도도 매우 중요하다는 것을 알았다. 중앙은행의 가장 중요한 업무는 바로 물가 조절이다. 물가 안정도 아니고 물가 상승과 하락도 아니다. 경기 상황에 맞는 물가를 유지하는 것을 매우 중요하게 여긴다. 그 방법으로 금리가 있는데, 투자자들은 이런 금리 정책에 대해 잘 이해하고 있어야 주식 투자 전략을 효과적으로 세울 수 있고, 이로 인해 자산 증식의 기회를 가질 수 있다는 것을 명심해야 한다. 단순히 금리를 예금 이자 정도의 수준으로 이해한다면 어떤 투자도 성공할 수 없을 것이다. 하다못해 예금을 통한 이자 수익도 충분히 얻을 수 없다는 것을 명심하기를 바란다. 중앙은행이 금리를 중요하게 여기는 만큼 가계도 기업도 정부도 투자자도 이것을 잘 이해해야 풍요로운 삶에 좀 더 가까워질 수 있을 것이다.

은행은 예대 마진으로 수익을 보는 영리단체다. 대출 이자와 예금 이자의 차이가 곧 은행의 수입원이 된다는 것이다. 그렇다면 고금리 상황이라면 은행은 좋지 않을까? 꼭 그렇지만은 않다. 은행 입장에서 살펴보면 답은 나온다. 일단, 금리가 높아지면 은행은 대출 이자에 대한 부실이 일어날 수 있어서 리스크 관리를 철저히 해야 한다. 만에 하나 문제가 발생한다면 아주 곤란해질 수 있고, 대출 이자도 높아서 대출 수요가 자의든 타의든 크게 늘지 않는 상황이 발생하게 된다. 두 번째는 금리가 높다는 것은 은행이 예금자에게 주어야 할 잠재 부채가 늘어난다는 것이기 때문에 이 또한 부담이 아닐 수 없다. 그래서 이 시기에 은행 주가는 변동성이 크거나 횡보할 확률이 높다.

반대로 금리가 낮아지면 좋을까? 고금리 때보다는 좋다고 봐야 한다. 우선 부실 채권에 대한 리스크가 줄어들 것이며 대출 이자가 떨어져서 대출 수요도 늘어날 것이다. 그리고 예금 이자도 줄어들어 잠재 부채도 함께 줄어들기 때문에 은행으로서는 좋지 않을 수 없다. 결국 고금리가 은행에도 그리 좋지 않다는 것이다. 단순히 대출 이자가 높다고 해서 무조건 은행이 유리하다는 것이 아니라는 것을 알 수 있는 부분이다.

투자는 단기적인 관점도 있지만 중장기적인 관점도 있다. 투자자는 이러한 단기, 중장기적 관점까지도 이해하는 습관을 키워야 한다. 그러기 위해서는 입체적인 사고와 지속적인 공부가 필요하다.

# 환율
## – 환율로 보는 거대 투자자들의 심리

    환율과 주식 투자에 대한 공부에 앞서 기본적인 지식을 갖고 시작하겠다. 주식 투자자들이 공부하기 어렵다고 하는 분야가 바로 환율이다. 제일 이해가 잘 안 간다는 분야는 채권이다. 저자 역시 환율에 대해 공부할 때 이해가 안 되거나 헷갈리는 경험을 했다. 그러나 전혀 어렵지 않은 분야가 환율이라고 본다. 환율은 환전고시 환율과 국제 시장 환율로 구분되는데 먼저 환전고시 환율은 우리가 여행갈 때 우리나라와 상대국 간의 환율을 말한다. 그러나 국제 시장 환율은 미국 달러를 기준으로 한 다른 국가의 통화와의 환율이라고 보면 된다. 투자 관점에서 볼 때 국제 시장 환율이 매우 중요하다. 그렇다면 국제 시장 환율에 대해 공부해보자.

    국제 시장 환율은 미국 달러를 기준으로 상대국 통화와의 거래를 말하는데, 외국 자본이 자국으로 유입될 때 환율이 하락하게 된다. 달러는 약세이고 상대방 통화는 강세를 보인다. 반대로 외국 자본이 유출될 때는 환율이 강세고 자국의 통화는 약세를 보인다. 예를 들어 경제 상황이 어려운 국가는 해당 국가에서 외국 자본이 유출되기가 매우 어렵기 때문에 환율이 강세가 될 수밖에 없다. 남미의 아르헨티나의 페소가 대표적인 사례며 한국도 IMF 때 환율이 강세를 보인 적이 있었다.

그렇다면 달러가 상승하면 주가가 상승할까? 하락할까? 이것을 알기 위해서는 기업의 입장과 외국인 투자자의 입장으로 나뉘어 봐야 한다. 먼저 기업의 입장에서 알아보자. 수출 기업은 달러가 상승하면 수익이 증가하게 되어 당연히 주가 상승에 도움이 된다. 예를 들면 원/달러 1,100원인데 1,200원으로 상승하면 당연히 기업의 이익 100원 차익만큼 이익을 누릴 수 있게 된다. 이것을 환차익이라고 한다. 외국에 수출한 대금이 들어오는 날 환율이 올라 환차익이 난다면 기업으로서는 정말 좋은 거래가 아닐 수 없다.

**수출 기업 입장**

원/달러 1,100원에서 **1,200원**으로 상승 시
매출액도 1,100원에서 **1,200원**으로 증가

이번에는 환율 상승 시 수혜 업종과 피해 업종에 대해 알아보자. 환율 상승 시 반도체, 스마트폰, 가전제품, 자동차 등 수출을 주로 하는 기업은 분명히 수혜 업종이다.

## 원/달러 환율 상승 시 수혜 업종

완제품 수출 기업
▶ 자동차, 반도체, 스마트폰, 가전제품 등

반면 환율 상승 시 원자재를 수입해 오는 기업은 피해 업종이 된다. 식자재나 철강, 정유 등이 대표적인 업종에 해당될 것이다. 환율 상승 시 추가 비용이 늘어나기 때문에 주가에 악 영향을 미칠 수밖에 없다.

## 원/달러 환율 상승 시 피해 업종

원자재 수입 기업
▶ 식자재, 철강, 정유 등

자, 여기까지가 교과서에서 배운 내용이며 이대로라면 환율 상승 시 수출 기업들의 주가는 올라가야 한다. 하지만 현실은 전혀 다른 양상을 보여준다. 오히려 주식 시장은 하락세를 보이는 경우가 많은 것이다. 그 이유에 대해 알아보자.

수출 기업 입장에서도 애로 사항은 있다. 부채가 달러로 되어 있다면 부채 증가와 금융 비용이 증가한다. 또한 우리나라 수출 기업은 완제품을 만들기 위해서는 해외로부터 부품과 재료를 수입해 오고 있기 때문에 비용도 증가한다.

## 수출 기업도 수혜 업종이 아닐 수 있는 이유

달러 부채 보유 시 ▶ 부채 증가의 원인
부품과 재료 등을 수입 시 ▶ 비용 증가의 원인


뿐만 아니라 이미 투자한 외국인 투자자에게도 좋지 않게 작용하는 경우가 있다.


### 원/달러 1,100원 – A기업 주가 1만 원에 매수

원/달러 **1,100원** – A기업 주가 1만 원에 매수
원/달러 **1.200원** – A기업 주가 1만 원에 매수

이때 원화를 달러로 교환 시 100원의 손실이 발생
▶ 외국인 투자자들은 부족 자금을 해결하기 위해 주식 추가 매도

**주식 시장의 하락 요인으로 작용**


외국인 투자자들이 원/달러 환율이 1,100원일 때 A기업을 주가 1만 원에 매수했다고 가정하자. 그런데 외국인 투자자들이 현재가 1만 원에 매도하게 되었다. 외국인 투자자들은 주가에 대한 이익은 없었다.

문제는 여기서부터다. 외국인 투자자들은 1만 원을 다시 달러로 바꾸려고 하니 1,100원이었던 원/달러 환율이 지금은 1,200원이어서 100원의 손실이 발생했다. 외국인 투자자들은 이러한 100원을 내야 하지만 달러로 바꿀 수 있기에 어쩔 수 없이 손실을 감수해야 한다. 이때 발생

한 손실을 환차손이라고 한다.

따라서 외국인 투자자들은 우리나라의 원/달러 환율 상승 시기에는 손실이 발생할 수밖에 없고, 외국인 투자자들은 투자를 꺼리게 되어 자금 이탈로 이어진다. 또한 외국인 투자자들은 이러한 원/달러 환율 상승 시기에 상승으로 인한 손실을 미리 막기 위해 매도하게 되고, 주식 시장은 하락할 수밖에 없다. 다시 말해, 원/달러 환율 상승 시기에는 대체적으로 외국인 투자자들의 자금 이탈과 매수 보류로 인해 주식 시장은 하락하게 된다.

**원/달러 환율 상승 시 외국인 투자자**

자금 이탈+매수 보류
**주식 시장의 하락 요인으로 작용**

결론적으로 원/달러 환율이 상승하면 수출 기업의 주가가 상승한다고 할 수 없고, 오히려 하락하는 것을 알았다. 환율과 한국 주식 시장은 반비례한다고 할 수 있다.

이번에는 외국인 투자자 입장에서 살펴보도록 하자. 환율은 항상 기준을 달러로 두면 좋다. 왜냐하면 외국인 투자자 입장에서 보아야 환율의 움직임을 이해할 수 있기 때문이다. 예를 들어 당신이 미국인 투자자라고 생각하고 이야기해보자. 미국인 투자자들은 달러를 가지고 있다. 경기가 좋으면 우선 미국 주식에 투자하게 된다. 그리고 분산 투자 차원에 좀 더 수익률이 좋은 투자처를 찾을 것이다. 이때 해외 신흥국 주식의 수익률이 좋다고 판단되면 분산 투자 차원에서라도 신흥국 주식에 투자할 것이다.

신흥국 주식을 매수하려면 우선 가지고 있는 달러의 환전이라는 프로세스를 밟아야 한다. 달러를 상대국 통화로 환전해야 하지만 상대국 기업의 주식을 매수할 수 있다. 이때 많은 외국인 투자자들이 신흥국 주식 수익률이 좋다고 판단되면 외국인 자금이 몰려와서 환전을 하게 되는데 상대국 통화로 많이 바뀌기 때문에 상대국 통화 가치는 상승하게 되고, 달러 가치는 약세를 보인다. 우리는 이럴 때 환율이 하락했다고 하거나 달러가 약세가 되었다고 한다. 또는 원화가 강세라고도 한다.

출처 : 저자 작성

반대의 경우에 대해 알아보자. 세계 경기가 안 좋다고 판단되면 미국인 투자자들은 어떻게 할까? 투자자들은 자금을 빼고 싶을 것이다. 그래서 보유 주식을 매도하게 되며 이렇게 되면 주식 시장은 하락세를 보인다. 매도한 주식을 상대국 통화로 보유하는 것이 아니라 달러로 환전해 신흥국 시장을 빠져나가는데, 이때 달러에 대한 수요가 많아지면서 달러는 강세를 보인다. 반면 상대국 통화는 약세를 보인다.

결론적으로 환율과 한국 주식 시장은 반비례라는 것을 알았다. 투자자들은 환율을 통해 외국인 투자자들의 동향을 살필 수 있게 되었다. 주식 시장의 등락도 중요하지만, 항상 환율이 어떤 이유로 움직이고 있는지 세계 정세와 함께 관심을 가지면 투자에 많은 도움이 된다.

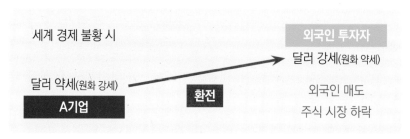

출처 : 저자 작성

## 미국의 금리가 인상되면 달러 가치는 오른다?

금리는 이자다. 금리가 인상된다는 것은 상식적으로 이자를 많이 주는 곳으로 돈이 이동하는 것이라고 알고 있다. 그렇다면 미국 금리가 인상되기 때문에 돈은 미국으로 흘러가게 될 것이고 원/달러 환율, 즉 달러의 가치가 높아진다는 의미다. 과연 미국의 금리가 인상되면 달러의 가치가 상승할까?

이론적으로는 금리가 인상되면 돈은 이자를 많이 주는 곳으로 이동하게 마련이다. 미국 금리가 인상되면 아무래도 세계 각국의 달러가 미국으로 흘러들어감으로써 달러에 대한 가치가 자연스럽게 상승한다. 맞다. 그러나 과연 이론이 맞는지 과거 데이터를 통해 살펴볼 필요가 있다.

| 미국의 연방기금 금리와 원/달러 환율의 관계 |

출처 : 한국은행

그래프는 미 연방기금 금리(검정색)와 원/달러 환율(빨간색)과의 상관관계를 나타낸다. 미 금리 인상 기간에 달러의 가치가 올라가는 해가 있는가 하면, 어느 기간에는 미 금리 인상과는 달리 달러 가치가 제자리를 보이거나 하락하는 때도 발견된다. 왜 그럴까?

| 미국의 연방기금 금리와 원/달러 환율의 관계 |

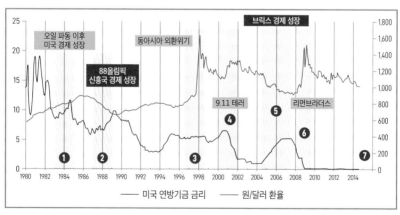

출처 : 한국은행

이는 당시 세계 경제 상황을 살펴보면 그 답을 추측할 수 있다. 앞의 그래프에 당시 세계 경제와 역사적 사실을 표시해서 알아보겠다. 1번 사례는 1980년 초, 전 세계적인 오일 파동으로 금리가 인상되면서 미국의 경제 성장이 다른 나라에 비해 안정적이어서 돈이 미국으로 흘러 들어가면서 달러의 가치가 상승했다.

2번 사례의 경우 1988년 88올림픽을 개최한 한국 같은 신흥국들의 급부상으로 미 금리 인상에도 불구하고 투자 수익률이 좋은 신흥국의 돈이 흘러들어가면서 오히려 달러의 가치가 하락하는 것을 볼 수 있다.

3번의 사례는 1997년 동아시아를 중심으로 외환위기가 닥치면서 전 세계의 달러가 미국으로 흘러들어가는 것을 보여주고 있다. 당시 달러의 가치는 급등한 것을 볼 수 있다.

4번 사례의 경우, 미국이 금리를 인하하는데도 안전한 미국으로 돈이 흘러가기 때문에 달러의 가치는 상승하는 것을 볼 수 있다. 이 시기는 2001년 9.11 테러가 미국에서 발생한 때다. 당시 동시다발적인 항공기 납치 및 자살 테러사건이 있었고, 세계무역센터 쌍둥이 빌딩이 붕괴했던 것을 우리는 생생히 기억한다. 이후 2003년 3월 20일에 제2차 걸프전 또는 이라크 전쟁이 시작된다.

5번의 사례는 2000년대 중반부터 중국을 중심으로 브라질, 인도, 러시아 즉 브릭스의 급성장으로 미 금리 인상에도 불구하고 돈은 투자 수익률이 대단히 좋은 브릭스로 흘러들어가서 달러 가치는 하락하는 모습을 보였다.

6번의 사례는 미국발 금융 위기인 '리먼브라더스 사태'가 발생하면서 전 세계 경제는 붕괴가 일어난다. 미국은 기준금리를 제로로 떨어뜨리는 역사상 있을 수 없는 제로금리 시대를 맞이하게 된다. 그러면서 돈은 미국으로 흘러들어가면서 달러의 가치가 다시 급등하는 것을 볼 수 있다.

코로나19 이후 막대한 통화정책으로 전 세계가 고물가에 시달릴 때 고물가를 잡기 위해 고금리 정책을 펼치면서 돈은 미국으로 흘러들어 갔다. 각국의 금리는 미국의 기준금리보다 높은 곳도 있었고 낮은 곳도 있었다. 그럼에도 불구하고 돈은 안정성과 수익성을 갖추고 있는 미국으로 흘러가게 된다.

우리는 앞의 그래프를 통해서 이론상 미 금리가 인상되면 자금이 미국으로 흘러들어가기 때문에 달러의 가치는 상승한다는 것이 실제와는 맞지 않다는 것을 알았다. 돈은 이론과는 달리 금리보다 더 좋은 투자 수익처가 있으면 그곳으로 흘러간다는 것을 역사적 사실로 알 수 있었다. 또한 돈은 금리보다 안전함을 추구한다는 것도 알 수 있었다.

이것이 돈의 성질이다. 돈은 경기가 좋으면 수익성을 찾게 되고, 경기가 좋지 않다고 판단되면 안정성만을 찾지 않고 수익성도 함께 존재하는 곳으로 이동한다. 이 의미를 잘 이해하면 투자뿐만 아니라 세계 경제 상황도 잘 이해할 수 있게 되고, 특히 투자 전략을 수립하는 데 매우 유용하다. 이런 부분을 가장 강조한 투자자가 유럽의 전설적인 투자자 앙드레 코스톨라니(Andre Kostolany)이다. 그는 실적만 보지 말고 돈의 흐름을 잘 이해하라고 했다. 이 말은 돈의 이동과 돈의 양을 잘 파악하면 성공적인 투자를 할 수 있다는 것이다. 100% 맞는 말이다. 눈에 보이는 것만 이해하거나 알려고 하면 투자는 실패할 확률이 높다. 숨겨진 것을 볼 줄 알아야 하는데 최소한 돈의 성질을 이해하면 세상 이면에 대한 세세한 것을 모르더라도 움직임을 포착하는 데 매우 도움이 될 것이다.

## 미국 10년물 국채 가격 등락을 통한 환율의 움직임 파악하기

미국 채권은 가장 안전한 채권이자 안전한 자산이기도 하다. 그래서 각국은 이런 미국의 국채를 많이 보유하고 있다. 특히 중국이 한때 가장 많은 채권을 보유하기도 했다. 일본도 마찬가지다. 미국은 이런 채권을 발행해 다른 나라로부터 막대한 채무를 지게 된다. 말이 채무이지 사실상 갚지 않아도 되는 채무다. 일반적으로 채무가 있으면 이자 납입뿐만 아니라 과도한 채무로 경제 활동이 정상적이지 못한 경우가 보통인데 미국은 개념이 다르다. 한국은 채무가 많으면 쉽지 않았다. 과거 IMF가 대표적인 사례다. 그러나 미국은 돈이 필요하면 돈을 발행해 다시 채우면 되기 때문에 큰 문제가 되지 않는다. 달러가 가장 안전한 자산이 될 수밖에 없는 이유이기도 하다. 국가부도가 일어날 수 없기 때문이다.

코로나19 이후 전 세계는 통화량 증가로 고물가에 몸살을 앓았다. 사실 고물가보다는 고물가를 잡기 위한 고금리 정책에 몸살을 앓았다고 보는 것이 정확하다. 이전에 전 세계적으로 경기가 좋았으나 코로나19로 인해 경기 둔화, 침체 시기로 전환하면서 경제 성장률이 낮아졌고, 미국의 고금리 정책으로 금융 환경은 더 어려워졌다. 각국은 경기가 어렵다 보니 재정이 넉넉하지 않게 되었고, 미국 기준금리가 다른 나라보다 높다 보니 자국에서 미국으로 자금이 이탈하는 현상도 겪게 되었다. 즉 외환 보유고도 줄어드는 형태가 되었고, 이는 달러 강세로 이어져 수입품에 대한 비용이 높아졌고, 가뜩이나 소비가 줄어들었는데 물가를 자극해 더욱 소비를 위축하게 하는 악순환의 고리에서 벗어나지 못했다.

결국 각국은 달러 강세를 잡기 위해 외환 정책을 펼쳤지만 역부족이었다. 보유하고 있는 외화는 줄어들고, 경제 성장은 낮아지니 결국 각국이 가지고 있는 자산을 매각해 이 상황을 타개하려고 했다.

그 대표적인 것이 미 국채였다. 각국, 특히 중국은 미 국채를 매각해 달러를 자국으로 유입하게 해 환율을 방어했으며 일본 같은 경우는 환 투기 세력들이 미 국채를 이용해 일본에서 돈을 빌려 달러 가격을 상승시키는 일도 발생해 일본 당국과 한판 승부를 겨루기도 했다. 이처럼 미 국채는 각국의 환율 방어를 위한 재원으로 사용되기도 하지만 환 투기 세력의 재원으로 사용되기도 한다.

여기서 중요한 것은 이러한 것들이 주식 시장과 어떤 연관성을 가지는지 알 필요가 있다는 것이다. 아무래도 환율 강세, 즉 달러 강세는 주식 시장의 변동성과 하락을 높이는 것으로 결국 미 채권의 매각은 전 세계 시장의 불안감만 높이는 꼴이 된다. 그래서 주식 시장은 하락하게 된다. 그렇다고 환율은 약세가 아니라 오히려 강세를 유지하게 된다. 세계 정세가 불안하니 심리적으로 미국으로 자산을 옮겨 타려는 생각이 퍼지면서 달러는 강세를 유지하게 되는 것이다.

반면, 이러한 불안정 속에서 미국 주식 시장은 좀 다른 양상을 띠게 된다. 미 국채가 가장 안전한 자산인데 이렇게 변동성이 크게 되면 돈은 채권이 아닌 다른 자산에 관심을 가질 수밖에 없다. 특히 금이 이때 단기적으로 상승하게 되며 미국 주식 시장은 초대형 기업 중심의 주가 상승이 있게 된다.

앞서 내용이 매우 복잡한 구조를 보이는 것 같으나 사실은 그렇지 않다. 아주 간단한 이치가 있기 때문에 오히려 당연하면서도 쉽다. 바로 돈의 입장에서 보면 쉽게 알 수 있는 것이다. 돈이라는 것은 수익성만 무조건 우선하는 것은 아니라 때로는 안전성을 우선할 때도 있다. 그리고 안전성과 수익성을 동시에 추구하는 경우도 있다. 상황에 맞게 돈의 이런 맥락을 잘 이해하면 앞의 내용에 대한 이해는 쉽지 않을까 생각한다.

단순히 현 상황에 대한 일반적인 이해만 보면 주식 투자는 성공할 수 없다. 환율은 이러한 투자자들의 생각과 움직임을 알 수 있는 중요한 지표다. 따라서 주식 투자자들은 환율에 대한 이해는 물론 돈의 성질을 함께 알려고 하는 노력이 필요하다.

달러를 기준으로 볼 때 모든 나라들은 환율, 즉 달러 강세와 약세로 구분할 수 있다. 달러 강세는 각국에서 달러로 환전이 된다는 것이며 이렇게 환전된 달러는 미국으로 유입된다는 것을 의미한다.

달러 강세는 각국의 자산을 달러로 환전한다는 것으로 외국 기관이든 자국 기관이나 법인들, 개인들이 자신의 자산을 매각 또는 매도한다는 것을 의미한다. 주식 시장으로 예를 들면 달러 강세는 삼성전자를 매도해 매도한 원화를 달러로 바꾼다는 것과 같기 때문에 달러 강세는 주식 시장의 약세를 의미하기도 한다.

그렇다면 달러로 환전된 돈이 미국의 주식으로 흘러가는 것일까? 꼭 그런 것만은 아니다. 상황에 따라 다르겠지만 경기가 정말로 안 좋으면 달러 현금도 미국 주식 시장으로 안 들어가고 대기한다. 예를 들면 엔화 강세가 대표적인 사례다. 일본은 물가가 상승하지 않는 나라이기 때문에 경기가 안 좋은 경우 달러를 가지고 있는 것보다 엔화를 가지고 있는 것이 안정성과 수익성을 가져갈 수 있어서 간혹 달러가 일본으로 유입되는 경우가 있다. 하지만 지금의 일본 상황은 물가가 상승하는 구조이기 때문에 엔화 강세는 쉽지 않게 되었다. 이런 경우를 제외하고는 경기가 불확실할 때는 오히려 미국 주식 시장으로 달러 현금이 유입되어 이때 미국 주식에 투자한 사람들은 자산 가치 상승과 환차익을 동시에 누리는 경우도 발생하게 된다.

달러가 강세가 되면 각국의 주식 시장이 약세가 되고, 반대로 달러가 약세가 되면 각국의 주식 시장은 강세가 된다. 따라서 환율과 주식 시장은 반비례한다고 보면 정확하다.

# 원자재
# – 실질 경제 상황을 알 수 있는 원자재 가격

자동차를 운전하다 보면 연료가 떨어져서 주유소를 찾게 되고 주유소에 들어가면 휘발유 또는 경유 가격을 보게 된다. 이때를 제외하고 일상 생활에서 원자재 가격에 대해서는 그다지 관심을 가지지 않는다. 그래서 우리는 주식 투자를 하면서도 원자재 가격이 주식 시장에 미치는 영향에 대해 그다지 중요하게 생각하지 않거나 잘 모른다. 하지만 원자재 가격에 대해 조금만 이해해도 주식 투자와 세계 경제 변화에 대해 많은 것을 이해할 수 있다. 원자재는 기업의 제품 생산에 들어가는 비용에 영향을 미치기 때문에 이 원자재 가격에 의해 우리가 사용하는 제품의 가격이 결정된다고 보아도 과언이 아니다. 그래서 투자에서 가장 중요한 원자재인 구리, 니켈 등에 대해 살펴보도록 하겠고, 석유는 다음 장에서 다루겠다.

먼저, 구리는 전 산업에 사용되는 원자재다. 인프라, 부동산 등과 같은 건설 부문, 자동차, 조선 등과 같은 제조산업 부문, 이외 우주산업 부문 등 산업 전반에서 사용되고 있다. 그래서 구리 사용량이 많다는 것은 경제가 활발하게 움직인다고 보면 될 것이고, 반대로 구리 사용량이 준다는 것은 경제가 활발하게 움직이지 않고 있다고 보면 된다.

따라서 구리 가격이 상승한다는 것은 세계 경제가 활발하게 움직인다는 것을 말하며 반대로 구리 가격이 하락하는 것은 세계 경제가 활발하게 움직이지 않으니 좋지 않다는 것을 의미한다. 주식 시장과 연결해서 보면 구리 가격이 올라가는 것은 그만큼 경제가 활발해 기업 입장에서는 계속 공장을 짓거나 물건을 생산하느라 그만큼 구리를 필요로 한다는 것으로 현재 기업의 실적이 좋다는 것을 의미하며 이는 주가 상승에 영향을 준다. 그래서 구리 가격은 제조업의 경기를 잘 나타내는 지표로 사용되기도 한다.

---

**구리**

건설, 조선, 자동차, 우주산업, 항공산업 등 산업 전반에 걸쳐 사용되는 원자재
구리 가격 상승 – 세계 경제가 활발하다는 증거, 주식 시장의 상승 기대
구리 가격 하락 – 세계 경제가 활발하지 않다는 증거, 주식 시장의 하락 예상

---

구리가 제조업의 경기 동향을 잘 나타내는 지표로 사용된다면 니켈은 민간 소비를 잘 나타내는 지표로 사용된다. 니켈은 스테인리스의 중요한 원료다. 이 스테인리스는 주방용품, 가정용품과 같은 우리 실생활에 밀접한 제품에 많이 쓰이고, 이 스테인리스가 많이 사용된다는 것은 그만큼 민간 소비가 늘어나고 있다는 증거다. 그래서 니켈 사용량이 많다는 것, 즉 니켈 가격이 상승한다면 민간 소비가 활발하게 움직인다고

보면 될 것이고, 반대로 니켈 사용량이 줄고, 니켈 가격이 하락한다는 것은 민간 소비가 활발하게 움직이지 않고 있다고 보면 된다. 역시 주식 시장과 연결해서 보면 민간 소비가 활발해지면 당연히 기업 입장에서는 제품이 많이 팔린다는 것으로 이는 주가 상승에 영향을 주게 된다.

### 니켈

주방 및 가정용품 등에 사용되는 원자재
니켈 가격 상승 – 가계 소비가 활발하다는 증거, 주식 시장의 상승 기대
니켈 가격 하락 – 가계 소비가 활발하지 않다는 증거, 주식 시장의 하락 예상

원자재 가격이 세계 경제 미치는 영향에 대해 좀 더 쉽고 간단하게 알아보기로 하자. 구리든 니켈이든 이런 원자재 가격이 하락한다는 것은 이 원자재를 생산하는 자원국들의 수입이 감소한다는 의미고, 이러한 수입 감소는 민간 소비의 감소로 이어지게 된다. 이것은 자원국에 수출하는 우리나라 같은 수출국이나 기업들의 입장에서 보면 그만큼 수출을 적게 하게 된다는 의미이기도 하다.

반대로 원자재 가격이 상승한다는 것은 자원국들의 수입이 늘어난다는 의미고, 이는 민간 소비의 증가로 이어지게 된다. 이것은 수출국이나 기업들의 입장에서 보면 그만큼 수출이 늘어난다는 의미다.

이처럼 원자재 가격이 세계 경제에 미치는 영향이 기업과 한 나라의 경제, 그리고 민간 소비까지 광범위하게 끼치고 있다는 것을 간단하게 알아보았다. 그동안 어렵다는 이유로 원자재 가격에 대해 무심코 지나

첬다면, 이제는 원자재 가격을 주식 투자의 보조 지표로 활용하면 세계 경제의 흐름을 읽을 수 있고, 주식 투자에도 많은 도움이 될 수 있으리라고 본다.

## 1배럴은 몇 리터고, 얼마일까?

주식 투자를 하면서 원유 가격 때문에 주식 시장이 하락하는 경우를 경험한 적이 있을 것이다. 하지만 1배럴(barrel)이 정작 몇 리터며 얼마인지는 잘 모른다. 1배럴은 158리터다. 드럼통(200밀리리터)의 3/4 정도다. 그럼 1배럴은 얼마일까?

원유 상품 시장마다 원유의 가격이 다른데, 대표적으로 3개 시장이 있으며 투자 시 이 3개 시장의 원유 가격을 참고하고 있다. 그것은 영국 북해산 지역의 브렌트유, 중동 지역의 두바이유, 미국 서부의 텍사스유(WTI)다. 그중 가장 비싼 원유는 브렌트유 그리고 두바이유, WTI순이다. 참고로 우리나라는 80% 정도 두바이유를 사용하고 있다. 해상이나 항공이나 태평양으로 운반되지 않고 육지를 따라 해상이나 항공이 움직이기 때문에 우리나라로서는 싼 WTI보다 비싸더라도 거리상 가까운 두바이유를 사용하는 것이다.

원유는 이동수단용, 공장가동용, 화학제품용 등에 이용되고 있고, 오일과 가스로 구분된다. 최근 원유의 가격은 과거 오일 파동과 달리 안정화를 이루고 있다. 그 이유는 공급량이 많기 때문이다. 예를 들면 셰일오일, 가스 이용량 증가와 환경오염 문제로 매장량이 제한된 오일보다는 매장량이 풍부한 천연가스를 많이 사용하게 되면서 원유 가격은 대체로 안정세를 보여주고 있고 앞으로도 안정세를 유지할 것으로 판단된다. 뿐만 아니라 코로나19 이후 전 세계적으로 본격적인 전기차 시대가 열렸다. 이 또한 석유 시대가 저물어가는 대세 흐름이라고 보면 될 것 같다.

정치적으로는 중동 중심 산유국들 주도하의 오일 쇼크 이후 전 세계는 미국을 중심으로 구매자 카르텔을 형성하게 된다. 이 구매자 카르텔은 석유 구매 국가들과 신흥 산유국들로 구성되어 있어서 기존 산유국 카르텔의 가격 단합에 견제를 가하고 있는 덕분에 과거와 같은 석유 파동은 줄어들었다.

산유국이나 산유 기업들은 원유 가격의 마지노선이 있다. 이 마지노선 가격으로 떨어지면 매출에 크게 영향을 줄 뿐만 아니라 그 나라 경제에 막대한 적자를 줄 수 있다. 만약 이 마지노선 가격까지 원유 가격이 하락하면 산유국들은 자국의 경제 피해를 막고자 외국에 투자한 오일 자금들을 회수하기 때문에 오일 자금이 투자된 나라의 주가는 일시적으로 하락세를 면치 못한다.

원유 가격의 마지노선은?

브렌트유와 두바이유 50$, WTI 40$

▶ 코로나19 이후 70~80$로 상향

이러한 사정으로 산유국들도 원유 생산을 통한 수익 창출보다 원유를 정제한 정유를 통해 다양한 사업을 펼치고 있는 중이다. 그리고 탈석유산업 정책으로 석유를 팔아서 번 돈으로 다양한 산업에 계속해서 투자하고 있는 중이다.

## 원자재 가격과 주식 시장의 등락

원자재 가격은 산업, 민간 소비와 매우 밀접한 관계를 가지고 있다. 원자재 가격의 상승에 따라 경제는 좋을 수도 있지만 나쁠 수도 있다. 사람들은 원유 가격이 상승하면 경기가 안 좋아질 거라고 생각한다. 이 부분은 맞다. 그러나 원유 가격의 상승이 꼭 경기가 안 좋다는 의미만은 아니다.

원자재 가격의 상승은 경기 상황에 따라 움직인다. 우선 경기가 좋을 때는 수요가 많아 가격이 상승하게 되지만 경기가 안 좋을 때는 수요가 감소함으로 인해 원자재 가격도 하락하게 된다. 이때 주식 시장은 원자재 가격과 같은 흐름을 타게 된다. 원자재 가격이 상승하면 소비가 많이 늘어나서 주식 시장도 좋을 수밖에 없다.

반대로 원자재 가격이 상승하면 주식 시장이 하락하는 경우도 있다. 그것은 경기가 안 좋은데 원자재 가격이 상승하면 물가를 압박할 수 있어서 주식 시장은 좋지 않게 흐르게 되는 것이다. 경기가 안 좋을 때 원자재를 공급하는 국가들은 이 시기에 가격을 인상해 돈을 벌어들이는 경우가 있고, 일부 기업들도 미리 사재기하는 상황도 발생해 민간 소비와 기업들에게는 안 좋을 수밖에 없다.

하지만 이런 현상은 단기에 그치는 경우가 많다. 그 이유는 경기가 안 좋은 상황에서 가격을 인상하면 조금의 이익을 취하려고 하다가 큰 낭패를 볼 수 있기 때문이다. 상황이 심각해지면 원자재를 둘러싼 전쟁도 일어날 수 있다. 대표적인 경우가 중동 지역의 전쟁이다. 이 지역의 전쟁은 결국 자국의 경제 발전과 연관되어 있다.

전쟁은 패권을 둘러싼 싸움이다. 그 패권의 명분은 다를지라도 자원을 볼모로 하고 있다는 것이 요즘 전쟁의 특징이다. 최근 러시아와 우크라이나의 전쟁으로 유럽의 물가는 치솟았고, 이스라엘과 하마스의 전쟁으로 중동 지역의 불안감을 전 세계에 전파하기도 했다. 결론적으로 원자재 가격과 주식 시장은 상황에 따라 다를 수 있기 때문에 쉽게 단정 지을 수 없다. 따라서 환율과 마찬가지로 지속적인 관심을 가지고 경제에 어떤 영향을 미치는지 입체적인 사고로 이해하길 바란다.

## 물가가 오르는 이유와 앞으로는 오르기 쉽지 않은 이유

물가는 크게 전자제품, 자동차 등과 같은 선택성 소비재의 물가가 있고, 일상에서 필요로 하는 식료품, 약, 전기·통신 등과 같은 필수 소비재의 물가가 있다. 물가는 바로 이 두 가지를 합친 것을 말하는데, 이들 물가를 형성하는 데 근원이 되는 물가가 2가지 숨어 있다. 그 숨어 있는 물가는 임금 상승과 석유다. 우리는 이를 근원 물가라고 한다.

물가가 상승한다고 했을 때, 선택성 소비재가 상승하는 경우와 선택성 소비재와 필수소비재가 일시적으로 급등하는 경우가 있다. 먼저 선택성 소비재가 상승하는 경우는 경기가 좋을 때다. 경기 상황이 호전되어서 소득이 늘어나 선택성 소비재를 가격 부담을 느끼지 않고 쉽게 살 수 있기 때문에 판매자 입장에서는 물건 가격을 조금씩 인상해도 판매에 무리가 가지 않는다. 이때가 경기가 좋아서 물가가 상승하는 시기로 이를 정상적인 인플레이션이라고 본다. 한마디로 소비를 해도 돈을 많이 벌기 때문에 이익이 남는 시기라고 보면 된다.

또 다른 물가 상승은 일시적인 급등이라고 보면 된다. 원자재 생산자가 경기가 안 좋을 것을 대비해 물량을 조절했는데 유동성이 갑자기 풀리면서 각 기업과 산업들은 생산시설 확충을 위해 일괄적으로 원자재를 구매하려고 하니 공급 부족으로 물가가 급등하는 경우다. 예를 들면 코로나19가 유행하던 때를 생각해보면 된다. 이런 경우가 나쁜 인플레이션이다. 경제 성장은 낮은데 물가가 급등한 경우다. 이 경우 자칫 잘못하면 물가만 상승하고 경기는 둔화하는 스테그플레이션으로 갈 수 있다.

그렇다면 근원이 되는 물가는 무엇일까? 물가의 물가는 바로 앞에서 말한 원자재 중 원유와 임금이다. 특히 원자재 중 원유 가격이 우리 경제에 많은 영향을 미치고 있다는 것은 누구나 다 아는 사실이다. 과거 오일 쇼크로 전 세계가 어려움을 겪은 적도 있다. 하지만 원유 가격은 더 이상 상승할 수 없게 되었다. 과거에는 산유국 중심의 카르텔이 파워가 셌으나 오일 쇼크 이후 구매자 중심의 카르텔이 형성이 되어, 중동 산유국들이 가격 담합으로 세계 경제에 악영향을 미치는 것은 사실상 어려워졌다고 해도 과언이 아니다. 구매자 카르텔은 미국을 중심으로 한 소비국가와 OPEC에 가입되어 있지 않은 산유국들, 그리고 셰일가스와 친환경 시대의 전환 등으로 중동 산유국 중심의 카르텔은 1980년대 이후 많이 약화되었고 실제로 중동 산유국들의 탈석유산업은 이러한 상황에 대한 반증이라고 볼 수 있다.

그다음 물가에 가장 영향을 미치는 것은 임금이다. 물가가 상승하고 경기가 안 좋아지면 근로자들의 임금 상승에 대한 요구가 커질 수밖에 없다. 이런 요구는 당연한 것이다. 왜냐하면 물가 상승률이 임금 상승률보다 높으면 가계는 잉여 자금이 줄어들어 생활에 어려움을 겪게 되기 때문이다.

간혹 미국 중앙은행과 정부는 이런 임금을 진정시키는 방법으로 취업률을 높이는 정책을 취하는 경우도 있다. 최근 좋은 사례기 코로니 시기 탈중국화를 선언하면서 해외에 나간 기업들의 공장을 자국 내에 건설하고 반도체와 2차전지 업체도 미국 내에 유치하면서 취업률을 높이고, 임금 상승률의 속도를 진정시키기도 했다. 당시 여러 가지 조치도 있었지만 실제로 이와 같은 정책으로 물가를 잡는 효과를 입증하기도 했다.

그러나 향후 임금 상승도 차츰 어려워지리라고 본다. 그것은 4차 산업이 성장단계로 진입하기도 전에 사람을 대체하는 로봇의 등장이 눈앞으로 다가왔기 때문이다. 로봇을 이용하면 임금은 오히려 감소할 수밖에 없다. 2023년에 AI에 대한 관심이 커지면서 X사(구 트위터)에서 70%의 구조조정과 구글의 3만 명 구조조정 사례가 보여준 의미는 크다고 본다. 사업이 어려워서 해고하고, 향후 재취업을 하는 것이 아니라 잉여 인력이 있다고 보고 구조조정을 한 것이기 때문에 이것을 하나의 사회 현상으로 보면 의미하는 바가 매우 크다. 고임금 근로자는 AI에게 위협받고, 저임금 근로자는 로봇에게 위협받는 시대가 오고 있다.

기업은 고성장이든 저성장이든 인플레이션이 낮으면 좋다. 앞으로 4차 산업 시대는 AI와 로봇이 중심이 되는 산업이기 때문에 기업들의 주가 상승은 과거와는 분명 그 양상이 크게 다를 것으로 본다. 이와 더불어 기업은 생산 활동을 하면 비용 문제가 가장 중요하게 작용하는데, 근원이 되는 임금과 원유 가격의 제한적 상승은 분명 기업에는 호재가 될 수밖에 없다. 따라서 새로운 기술 산업의 등장과 기업에 영향을 주는 비용의 안정화는 분명 주식 시장에 긍정적인 변화라고 보아야 한다.

원자재는 일반 투자자가 접근하기 쉽지 않은 자산 시장이다. 왜냐하면 원자재는 실물이기 때문이고 때로는 보관도 필요하다. 원자재는 경기 상황에 따라 가격이 변동도 되지만 자연 재해에 의한 가격 변동도 매우 크기 때문에 섣불리 투자할 대상은 아니다.

만약 개인이 원자재에 투자하고 싶다면 선물에 투자를 해야 한다. 선물은 미래 가격에 대한 흥정이기 때문에 만기 전에 매매를 통해 이루어지므로 일반인도 쉽게 접근할 수 있다. 대부분은 금융 상품을 통해 접할 수 있는데, 대표적으로 ETF, ETN 등이 해당된다. 또 이들은 원자재별로 구분되어 있고 레버리지 및 인버스도 있어서 개인이라도 공부가 잘되어 있으면 쉽게 접근할 수 있다. 그런데 문제는 접근 방법이 아니라 원자재에 대한 투자를 과연 중장기 투자처럼 할 수 있는가 하는 것인데, 답을 먼저 말하자면 어렵다고 할 수 있다.

선물은 미래 가치가 혹시 모를 상황에 노출되어 갑작스럽게 변경될 수 있다는 가능성을 배제할 수 없어서 헤지 차원에서 하는 행위다. 혹시 모르는 상황이란 자연 재해나 전쟁이 대표적일 텐데, 특히 자연재해가 원자재 가격에 상당한 영향을 미치기 때문에 원자재에 대한 투자는 주식처럼 길게 가지고 갈 수 없다. 대신 단기적으로 접근하는 투자 또는 시세차익을 목적으로 하는 매매가 아니라면, 중장기 투자는 맞지 않다고 본다.

| 코로나19 발생 이후 미국의 양적 완화 정책의 긍정적 효과와 부작용 |

출처 : 네이버 증권

# 채권
# - 자산의 흐름을 알 수 있는 채권의 움직임

　주식 투자자는 채권 투자자들의 투자 전략 또는 방향에 관심을 기울여야 한다. 그 이유는 위험 자산과 안전 자산으로 구분한다면 위험 자산의 대표는 주식이고, 안전 자산의 대표는 채권으로 양분되기 때문이다. 즉 투자자들이 경기 흐름에 따라 위험 자산을 선호할 수도 있고, 안전 자산을 선호할 수도 있기 때문이다. 그렇다면 우선 채권에 대한 기본적인 지식을 갖출 필요가 있다.

　채권은 일반적으로 안전 자산으로 생각한다. 하지만 그렇지 않다. 채권의 본질은 돈을 빌리고 빌려주는 채무관계다. 즉, 돈을 못 받게 될 수 있기 때문에 채권은 우리가 아는 것처럼 안전 자산이라고만은 할 수 없다. 이러한 이유로 채권은 신용이 매우 중요하다. 부실 채권도 있고 소각되는 채권도 있으며 국가에서 발행하는 국채도 있다. 이 중 국가나 공공기관, 그리고 지자체에서 발행하는 채권은 안전하게 여겨지는 경향이 있다. 그래서 일반적으로 채권 하면 국채를 떠올리기 때문에 안전하다고 보는 것이다. 그러나 결코 그렇지 않다. 예를 들어 만성 적자 국가인 아르헨티나를 보자. 엄청난 채권 이자를 수령할 수 있지만 투자자들은 절대로 건드리지 않는다. 왜냐하면 국가 부도가 날지도 모른다고 생각하기 때문이다.

회사채는 어떨까? 회사채에 대해 개인 투자자들은 안전한 자산이라고 보지 않는다. 그 이유는 기업이 발행한 채권이라고 생각하고 있어서다. 만약 돈을 빌리려고 하는데 시장 상황이 안 좋거나 신뢰가 떨어지면 돈을 빌릴 수 없게 된다. 당연한 것이다. 돈을 빌려주는 사람이 이자는 커녕 원금을 못 받을 수 있는 상황이라고 생각하면 굉장히 보수적으로 채권 시장을 대할 것이다. 이렇게 되면 돈을 못 구한 기업이나 가계는 어려워질 수 있다. 그래서 채권 시장은 심리적인 안정이 중요하다. 정부와 관계 기관, 그리고 정치권은 이 부분에 대해 신경을 바짝 쓰지 않으면 안 된다. 과거 모 지자체의 어설픈 정책으로 채권 시장에 불안감을 주었고, 이 파장은 경제 전체를 위협에 빠뜨리기까지 했다. 그리고 정부는 즉각적으로 막대한 공적 자금을 투입시키기도 했으나 좀처럼 나아지지 않았던 적이 있었다.

회사채든 국채든 채권은 무조건 원금 보장이 되는 것은 아니라는 것을 알아야 한다. 돈을 빌려주었으면 이자를 받게 된다. 채권은 원금과 이자, 그리고 만기가 존재한다. 단기 채권은 일반적으로 2년물(2년 만기) 이하로 보면 되고 중장기 채권은 10년물 이상이라고 보면 된다.

채권 이자는 경쟁자들이 있다. 바로 예금 이자와 기업의 배당금, 그리고 임대 소득이다. 여기서 채권 이자와 예금 이자 그리고 기업의 배당금을 비교한다면 채권 이자가 비교적 높게 잡힌다. 원금 보장이 안 되기 때문에 예금 이자보다는 높아야 메리트가 있고, 기업의 배당금은 주가 상승분도 있어서 채권 이자보다 적을 수 있다. 특히 회사채 시장을 보면 알 수 있다.

거시 경제 입장에서는 국채를 보고 주식 시장 동향과 경제 동향을 살핀다. 우선 위험 자산 선호가 높은 주식 투자자들은 시장에 대해 긍정적인 투자 전략을 보이지만 안전 자산을 선호하는 채권 투자자들은 시장에 대해 부정적인 투자 전략을 취한다. 이 두 부류의 투자자들의 투자 전략은 당연한 것이다. 그래서 주식 투자자는 채권 투자자들의 투자 전략을 잘 살펴보아야 하는 이유가 여기에 있는 것이다.

경제는 돈의 흐름에서 시작된다. 예를 들어 창업을 했다고 하자. 처음에는 자기 자본을 가지고 시작하지만 이후 대출을 추가적으로 받아 가시적인 성과를 거두게 된다. 이렇게 되면 기업은 투자 유치를 통해 성장의 발판을 마련하게 되고, 곧 일할 사람을 채용하고 각종 자재를 구입한다. 수많은 기업들이 이렇게 되면 소비는 늘어나고 경제는 좋아진다. 좋아지는 가계와 기업들은 부동산을 매입하게 되어 자산 가치는 상승한다. 이렇게 되면 자산 소득까지 증가하게 되어 사람들의 소비는 더욱 늘어난다. 이처럼 채권이 경제에 미치는 영향은 매우 중대하다.

통상적으로 채권 시장이 좋으면 6개월에서 1년 이후 주식 시장도 좋아지고, 주식 시장이 좋아지면 6개월에서 1년 이후 경제 지표가 좋아지며, 6개월에서 1년 이후 부동산 시장이 좋아져서 실물 경기도 좋아지는 선반영 흐름을 갖추게 된다.

채권 시장에서 긍정적인 반응이 나오면 주식 시장, 경제, 부동산, 실물 경기가 좋아지고, 채권 시장에서 부정적인 반응이 나오면 모든 경제는 빨간 불이 들어온다. 이러한 흐름은 매우 중요하다. 가만히 생각해보면 당연한 이야기인지 모르나 대부분의 사람들은 이러한 흐름을 파악하기를 어려워하거나 엉뚱한 주제로 경제와 투자를 어렵게 만든다. 성공적인 투자를 하려면 본질을 이해하려고 노력해야 한다. 그 본질을 이해하면 세상의 흐름에 좀 더 쉽게 접근할 수 있다.

## 채권 수익률이란

이제부터는 투자와 경제 관점에서 채권에 대해 좀 더 공부해보도록 하겠다. 투자와 경제 관점에서의 채권은 국공채를 기준으로 보고 있다. 특히 미국의 기준금리를 중심으로 한 미국 장단기 채권이 우리가 투자에 참고하는 데 중요한 지표가 된다. 채권 투자는 중장기 투자다. 물론 단기적인 관점에서 하는 경우도 있지만 이자를 많이 받으려면 중장기적인 관점에서 접근해야 수익을 얻을 수 있다. 이러한 상황에서 채권에 대해 이해해보자.

예를 들어 10년물이며 연 3% 이자를 준다고 하자. 채권은 복리가 아니다. 채권은 단리이기 때문에 10년째에 총 30%의 이자가 발생한다. 간혹 중간 지급도 있을 수 있겠으나 그러한 상황들은 제외하고 10년이라는 시간을 보자. 물가 상승분에 대한 비교도 하지 말고 채권이 어떻게 움직이는지 이 부분만 이해해보도록 하자.

만약에 만기 시 이자를 받는 것은 맞으나 중간에 이 채권을 현금으로 전환할 때 투자자들은 보유하고 있는 채권을 부득이하게 매매할 수밖에 없다. 그렇다면 매매 시 투자 수익률은 어떻게 결정될까? 바로 양수양도의 개념으로 보면 좋다. 예를 들어 아파트 분양권에는 마이너스라는 가격이 있다. 채권 가격도 마찬가지다. 5년 정도 유지한 채권을 부득이하게 매매할 때 기존 채권자는 새로운 채권자와 흥정하게 된다. 새로운 채권자는 당연히 유리한 흥정을 원할 것이다. 그래서 기존 채권자는 자신이 투자한 금액보다도 낮은 금액으로 흥정하게 된다. 이때 발생한 낮은 금액을 할인율이라고 한다. 이렇게 되면 새로운 채권자는 원래 5년치 이자와 할인율로 수익을 챙길 수 있게 된다. 이러한 수익률을 채권 수익률이라고 한다. 채권 수익률은 원래 이자, 즉 표면 이자와 할인율을 적용한 수익률로 채권 가격에 의해 크게 좌우된다.

이런 경우가 있을 수는 없겠지만 만약 10년물 채권을 새로운 채권자가 매수할 때 그 시점이 9년 동안 유지된 채권이라면 새로운 채권자는 9년 동안의 이자와 할인율이 있는 채권을 손에 쥐게 된다. 예를 들어 연 3%라고 한다면 새로운 채권자는 27%의 이자와 할인된 가격까지 합치면 주식 투자보다 괜찮은 수익률을 얻을 수도 있다. 게다가 1년만 있으면 총 30% 채워지기 때문에 이만한 투자는 어디에도 없을 것이다. 그래서 실제 채권 투자자들은 주식보다 채권을 더 좋아하는 경향이 있다.

채권 수익률 = 채권의 표면이자 + 채권 가격 할인율

다시 정리하면 채권 가격이 높아지면 채권 가격 할인율이 낮아지므로 전체 채권 수익률은 낮아지고, 반대로 채권 가격이 낮아지면 채권 할인율이 높아지기에 전체 채권 수익률은 높아진다. 앞의 공식에 따라 단기 채권과 중장기 채권을 적용하면, 단기 채권은 만기가 매우 짧기 때문에 채권 가격 할인율에 크게 반응하지 않고 채권의 표면이자에 지배받게 된다. 그래서 단기 채권 수익률은 정책금리, 즉 기준금리에 영향을 받기 때문에 우리가 흔히 헷갈려하는 채권 금리가 여기서 나온다. 채권 수익률과 채권 금리는 같은 개념이라고 보면 된다. 일부의 전문가들도 이를 헷갈려 하는 경우가 있는데, 앞의 공식과 기간을 적용한다면 전혀 헷갈리지 않을 것이다.

중장기 채권은 표면이자보다는 채권 가격의 영향을 크게 받기 때문에 통상적으로 채권 수익률을 여기서 말하곤 한다. 그러나 앞의 공식으로 보면 채권 수익률은 채권 금리다. 따라서 채권 가격과 채권 수익률은 반비례라고 이해하면 된다(참고로 일반인들이 이를 잘 이해하도록 보여주고 있는 곳이 네이버 포털 사이트의 증권 면이다. 여기에는 기준금리와 채권 수익률이라고 정확히 명칭을 정리해주고 있다).

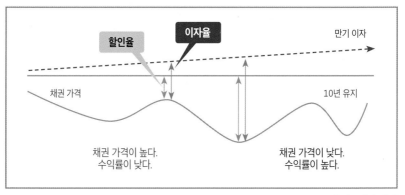

출처 : 저자 작성

여기서 중요한 점은 채권과 주식 시장과의 관계다. 우선 채권 가격이 높아진다는 것은 채권 수요가 많다는 것이고, 이는 경기를 비관적으로 보는 투자자가 많다는 것으로 해석할 수 있다. 반대로 채권 가격이 낮아진다는 것은 채권 수요가 적다는 것이고, 경기를 낙관적으로 보는 투자자가 많아 굳이 채권을 보유할 필요가 없다는 의미로 해석할 수 있다. 바로 이 점이 주식 투자자들이 알아야 할 중요한 포인트다. 채권 가격이 높아지고 채권 수익률이 낮아진다는 것은 위험 자산인 주식에서 안전 자산인 채권으로 자금이 흘러들어가고 있다는 것을 의미하기 때문이다.

우리나라를 보면 미국의 채권 가격이 상승하면 채권 매수세가 늘어나는 것으로 우리나라의 주식을 팔아 미국 채권을 산다는 것으로 해석할 수 있다. 이때 문제는 환율이 상승한다는 것이다. 환율이 상승하면 앞에서 공부했듯이 우리나라 경제와 산업, 그리고 주식 시장에는 그리 좋은 영향을 주지 못한다. 투자자는 이처럼 미국 채권의 경우 미국만의 문제가 아니라 전 세계의 문제라고 보려는 노력이 필요하다.

이런 경우도 있다. 앞의 내용은 경기가 좋고 나쁨이 분명할 때 나타나는 돈의 흐름이라면 코로나처럼 급진적인 상황이 발생했거나 물가가 너무 높은 상황이 발생하면 앞의 내용과는 다른 해석을 해야 성공적인 투자를 할 수 있다. 다음 장에서 좀 더 자세히 언급하겠다.


## 국채는 기준금리와 연동된다

앞서 살펴본 내용은 채권과 주식 사이에서의 움직임이라면 이번에는 기준금리에 따른 움직임에 대해 알아보자. 기준금리가 인상된다고 하면 채권 수익률은 올라가고, 기준금리가 인하된다고 하면 채권 수익률은 하락하게 된다. 이 말을 다르게 표현하면 다음과 같다. 기준금리가 인상된다고 하면 채권 가격은 떨어지고, 기준금리가 인하된다고 하면 채권 가격은 상승한다.

채권의 표면이자는 단리로 움직인다. 예를 들어 10년 만기 연 5%라면 만기 시 50%의 이자를 수령하게 된다. 만약 기준금리가 1% 낮은 상태에서 기준금리를 5%로 인상하겠다고 한다면 기존의 1%를 가지고 있던 채권 투자자들은 매도하고 5%일 때 다시 매수하는 것을 선택할 것이다. 이것은 당연하다. 10년간 이자 10%와 10년간 이자 50%는 큰 차이가 나기 때문에 채권 투자자들은 당장 손해가 나더라도 매도를 선택할 것이다.

반대로 기준금리가 5%인 상황에서 1%로 낮춘다고 한다면 그동안 채권을 매수하지 않은 투자자들은 서둘러서 매수하게 된다. 그렇게 되면 채권 가격은 상승하고 채권 수익률은 하락할 수밖에 없다. 채권이 잘 발행되고 채권 가격의 변동성이 크지 않다는 것은 돈이 잘 돌아가고 있는 것이고, 채권 가격의 변동성이 크다는 것은 돈이 제때 필요한 상황에서 돌지 않고 있다는 것을 의미한다. 이것은 개인도 돈이 필요할 때 돈이 들어오면 좋지만 돈이 필요한 시기에 안 들어오고 늦어지면 매우 곤란해지는 것과 같은 이치다. 그래서 채권은 경제 시스템에 있어서 매우 중요한 자산으로 투자자들은 채권을 제대로 이해해야 한다.

## 미국 정부의 채권 발행은 채권국에게 고통을 전이하는 행위

일반적으로 채권을 발행한다는 것은 돈을 빌려서 이자와 원금을 갚겠다는 목적으로 하는 금전적 행위다. 그렇다면 채권에 대한 부담은 채권을 발행한 자, 즉 돈을 빌린 개인이나 단체, 기업 그리고 국가가 진다.

채무자가 돈을 빌렸다는 것은 자기자본이 부족하다는 의미다. 그래서 채권자가 갑이 될 수밖에 없다. 그런데 미국은 그렇지 않다. 미국 정부는 기축통화 지위를 가지고 있기 때문에 화폐를 마구 찍어낼 수 있다. 그래서 상환에 대한 부담은 다른 나라보다 거의 없다고 보아도 무관할 것이다. 물론 이렇게 화폐를 마구 찍어내면 안 되기 때문에 의회의 승인 필요하고 의회는 화폐 발행을 조정하거나 심의하게 된다. 종종 의회의 승인이 이루어지지 않아 미 정부는 '셧다운'이 되기도 한다.

미 국채를 많이 가지고 있는 대표적인 나라는 중국과 일본이다. 특히 중국은 미국의 가장 큰 채권국이다. 그런데 어찌 보면 미국이 을이어야 하는데 돈을 가장 많이 빌려준 중국이 을이 되어 채권자의 역할을 하지 못하고 있다. 미국이 기축 통화의 지위를 가지고 있기 때문이다. 이렇다 보니 미국의 채권은 세상에서 가장 안전한 자산이 되어 많은 나라들이 가질 수밖에 없게 된 것이다. 이 채권은 미국의 기준금리와 연동되기 때문에 금리가 인상되거나 인하되면 채권 가격의 변화가 일어난다. 이때 미국은 고금리를 이용한 환율 압박과 채권 가격 하락으로 상대국들을 힘들게 하기도 한다.

미국이 고금리 기조를 유지하면 달러에 대한 수요가 늘어나 각국의 돈 가치는 하락하고 수입품에 대한 비용이 늘어나 물가를 상승시키는 요인을 만들어낸다. 이렇게 되면 채권국들은 자국의 환율 방어를 위해 부득이하게 미 채권을 싸게 매각해 자국의 환율을 방어하려고 노력한다. 경기가 안 좋은 상황에서는 각국의 이러한 환율 방어 정책은 한계가 드러나게 되고 결국 미국에게 다시 손을 내미는 쪽으로 바뀌게 된다. 왜냐하면 경기가 안 좋고 고금리 상태에서는 세상의 돈들이 미국으로 흘러가므로 환율의 약세 전환을 기대하기 힘들기 때문이다.

또한 미 국채를 싸게 매각한 채권국으로서는 국가 자산의 하락을 맞이하게 되어 미 국채를 안 살 수도 없고 안 팔 수도 없는 상황에 놓이게 된다. 실제로 과거 미국의 가장 큰 채권국이 중국이었음에도 불구하고 아무런 힘도 없는 채권국이라는 것을 코로나19 이후 알 수 있었던 사건이 있었다. 중국의 경제 성장률이 급격히 하락하게 되어 환율 방어가 어려워지자 결국 미 국채를 헐값에 내다 파는 일도 있었다. 이때 이를 받은 채권 투자자들은 채권 가격에 대한 시세차익을 보게 되었다.


## 미국의 경기 상황을 예측할 수 있는 예언 지표! 장단기 채권 스프레드

채권에 대해 이해했다면 미국의 경기 상황을 예측할 수 있는 지표에 대해 알아보기로 하자.

세계 경제는 미국을 중심으로 움직이고 있기 때문에 미국 채권의 가격 동향을 알아야 하는데, 특히 단기 채권과 중장기 채권의 차이(스프레드)에 대해 알 필요가 있다.

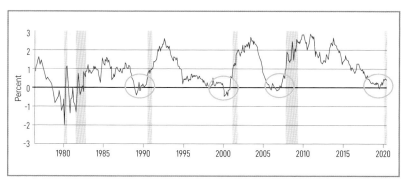

회색 구간은 경기 침체기간임　　　　　　　　　출처 : https://fred.stlouisfed.org/ 참조

　이 그래프는 미 10년물 장기 채권 금리와 2년물 단기 채권 금리의 차이에 의한 스프레드를 보여주고 있다. 숫자는 10년물 채권 금리와 2년물 채권 금리간의 차이로 보면 된다. 일반적으로 장기 채권 금리가 단기 채권 금리보다 높기 때문에 장기 채권 금리에서 단기 채권 금리를 뺀 이자 차이가 스프레드이고, 이 스프레드 숫자를 그래프로 표현하면 앞과 같은 모습으로 그려진다. 따라서 숫자가 높다는 것은 간격이 넓다는 것이며 숫자가 낮다는 것은 간격이 좁다는 의미다.

　일반적으로 장기 채권 금리가 단기 채권 금리보다 높다. 어찌 보면 당연한 이야기지만 때로는 아닐 수도 있다. 장기 채권 금리는 채권 투자자들의 투자 심리를 보여주는 채권 금리라고 본다면, 단기 채권 금리는 정책 금리로 표현되기 때문에 중앙은행의 기준금리에 의해 채권 금리가 움직인다.

　미 기준금리가 인상되면 단기 채권 금리가 상승하면서 장단기 채권 금리 스프레드는 점차 줄어든다. 그런데 장단기 채권 금리가 제로로 만

날 수 있는 경우는 단기 채권 금리가 급격히 상승해 장기 채권 금리와 같아지는 경우로 장기 채권 금리가 낮아져서 단기 채권 금리와 만나는 경우가 있다.

전자처럼 단기 채권 금리가 급격히 상승하는 경우 정책 당국자들에 의해 조정되기 때문에 급격하게 금리를 인상하기는 쉽지 않은 일이다. 하지만 장기 채권 금리가 낮아지는 것은 투자자들이 채권을 거래하면서 장기 채권 금리가 하락하게 되므로 이는 시장에 나타나는 자연스러운 현상이다. 따라서 장단기 채권 금리가 제로가 되는 것은 있을 수 있고, 그동안 이러한 경우가 주기적으로 있어 왔다.

그렇다면 장기 채권 금리가 낮아지는 경우는 투자자들이 경기가 안 좋다고 판단해 채권 수요가 많아 채권 금리가 낮아지고 채권 가격은 높아져서 나타나는 현상으로 경기를 비관적으로 보고 있다는 의미이기도 하다. 이러한 비관론이 팽배하면 할수록 장기 채권 금리는 급격히 낮아지면서 단기 채권 금리 이하로 떨어지는 '역전금리'가 나타나게 된다. 이것이 앞으로 세계 경제가 안 좋아질 것이라고 말하는 이유다.

앞의 그래프에서 볼 수 있듯이 역전금리가 여러 번 나타났는데 이 시기가 지나면 세계 경제는 좋지 않은 모습을 보여주었고, 위험 자산인 주식 시장은 크게 하락했다. 통상적으로 역전금리가 나타나면 1년 이후에는 경기 침체 또는 둔화 구간으로 들어간다고 한다. 여기서 중요한 포인트는 역전금리가 나타나고 나면 경기가 붕괴되는 역사적인 사건이 발생한다는 것이다. 이런 문제가 발생해 기준금리는 급진적인 인하와 이후 급진적인 인상을 하면서 채권 시장은 불안하게 된다. 채권 시장이 안 좋으면 향후 경제는 안 좋아지기 때문에 경기가 좋은 상태에서 역전금리가 나타나는 것은 이후 있을 일이 드라마틱해진다는 것을 의미한다.

미국의 장단기 채권 금리 스프레드에 대해 자세히 알아보도록 하자. 앞의 그래프를 다시 보자. 그래프가 우하향하는 경우와 제로 또는 마이너스 그리고 우상향하는 경우로 나뉘는 것을 볼 수 있다. 먼저 스프레드가 우하향하는 경우, 장기 채권 금리는 일정하게 유지되고 있을 때 경기가 좋아 단기 채권 금리가 상승하면서 미 장단기 채권 금리 스프레드는 점차 줄어드는 모습으로 해석할 수 있다. 그리고 제로 또는 마이너스 스프레드는 앞서 말한 것처럼 장기 채권 금리가 경기 불안으로 채권 수요가 많아지면서 단기 채권 금리와 같거나 역전될 때 나타난다. 마지막으로 스프레드가 우상향하는 경우는 경기가 안 좋다고 판단한 투자자들이 기준금리를 인하할 것으로 예상해 채권을 사들이면서 장기든 중기든 채권 금리 하락이 이루어지며 또한 미 기준금리의 급격한 인하로 단기 채권 금리는 더욱 급격하게 하락하면서 미 장단기 채권 금리 스프레드는 급격하게 우상향하는 모습을 보여준다.

이런 경우도 있다. 경기가 급격하게 하락한다고 투자 시장에서 판단할 때 오히려 안전 자산인 채권마저 매도하게 되어 채권 금리는 높아지고 채권 가격이 떨어지는 현상도 나타난다. 이때 단기 금리는 낮은 상태고 장기 채권 금리는 높은 상태이므로 그 차이, 즉 스프레드는 급격하게 벌어지면서 미 장단기 채권 금리 스프레드는 급격한 우상향 그래프를 연출하기도 한다.

다시 정리하면 미 장단기 채권 금리 스프레드가 우하향하는 경우는 경기가 좋다는 의미고, 제로 또는 마이너스는 경기가 불안한 경우이고, 우상향하는 경우는 경기가 나쁘다는 의미로 해석할 수 있다. 여기서 경기가 나쁘다는 것은 나쁜 상황이 회복되어가는 과정의 체감을 말한다. 실제로 앞의 그래프를 보면 회색 부분이 미국 경제 또는 세계 경제가 갑작스럽게 안 좋은 시기였고, 이 시기 전에 스프레드는 제로 또는 마이너스를 보였으며 이후 급격하게 우상향하는 모습을 보여주면서 경기는 점차 회복단계로 접어들게 되었다.

## 미국의 경기 상황과 장단기 채권 스프레드의 역전금리

| 미국의 장단기 채권 스프레드와 경기 상황 |

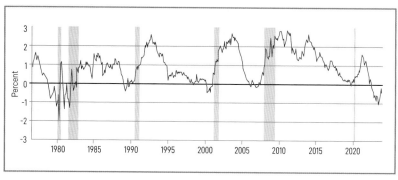

출처 : https://fred.stlouisfed.org/ 참조

그래프에서 10년물과 2년물 국채 스프레드를 보면 간극 차가 +, 0,-로 나타나고 있는데 가운데 검정선이 0을 나타내고 있고 그래프가 0 아래로 움직이는 것도 볼 수 있다. 문제는 0 아래로 그래프가 나타나고 나

면 어김없이 회색 구간이 나타난다는 것이다. 다시 말해 역전금리가 나타나면 어김없이 경기 침체가 나타난다는 것으로 역전금리 이후 통상적으로 1년 이후에 경기 침체가 나타나는 것을 알 수 있다.

역전금리는 10년물 국채 수익률이 2년물 국채 수익률보다 낮은 상태를 말하고, 이때 2년물 국채 수익률은 기준금리를 따르고 있어서 고금리를 이룬다. 그러나 10년물 국채 수익률이 2년물 국채 수익률을 쫓아가기 시작해 추월하면 역전금리는 정상적으로 스프레드가 형성되어 다시 +를 보인다. 이 말은 10년물 국채 수익률이 가파르게 상승한다는 것으로 채권 시장에서 채권 가격이 떨어지고 있다는 것이고, 채권 투자자들이 돈을 안 빌려주고 있다는 것을 의미한다. 그렇게 되면 시중에는 돈이 돌지 않게 되어 자금 경색이 있을 수 있고, 기업은 대출을 받을 수 없어서 경영에 어려움을 겪을 수 있다. 이런 분위기는 고용과 임금 상승에 영향을 주어 결국 소비를 위축시키는 요인으로 작용한다.

역전금리 이후 0으로 전환하면 경기 침체가 오는 이유는 바로 이러한 상황 때문이다. 그러나 이렇게 하지 않을 수 없는 이유가, -를 +로 전환해야 하기 때문이다. 10년물 국채 수익률의 상승세로 경기가 더욱 어렵게 되어 중앙은행, 즉 연준은 고금리 정책 기조에서 기준금리를 인하하게 되어 2년물 국채 수익률이 급락하게 된다. 그렇게 되면 금리 스프레드는 가파르게 상승하는 모습을 보인다. 이 시기는 분명 경기가 어렵기 때문에 다시 살리기 위해 기준금리를 내리게 된다. 이때 기준금리 인하에 대해 주식 시장은 경기가 어려움에도 불구하고 호재로 받아들이게 된다.

주식 시장은 어떻게 될까? 시장은 매우 불안하게 움직이겠지만 기준금리 인하라는 대형 호재를 맞이하기 때문에 실물 경기와 다른 양상을 띤다. 다시 말해 주식 시장은 상승세를 지속할 수 있게 된다는 것이다. 다만 경기가 안 좋아서 기준금리를 인하하는 것으로 모든 기업의 주가가 상승하지는 않는다. 투자자들은 이때 선별해 투자하게 되는데, 아무래도 안정성과 수익성을 동시에 고려할 수 있는 시가총액이 큰 기업군에 투자하거나 경기 순환과 상관없이 움직이는 경제적 해자(해자란 난공불락의 방어막을 가지고 있는 전략적 진지를 말할 때 쓰인다. 여기서는 독점 기업을 지칭할 때 쓰는 말로 워런 버핏이 좋아하는 기업들이 이런 기업들이다)가 있는 기업군에 투자하게 된다. 그래서 주식 시장의 지수는 상승하지만 일부 초대형 기업들에 의해 움직이는 차별적 장세를 맞이하게 된다.

여기서 주식 투자 팁을 하나 이야기하면, 시가총액 최상위 기업들에 투자하면 경기가 안 좋을 때도 심리적으로 안전하고 경기가 좋을 때는 매출이 크게 나와서 좋기 때문에 투자 목적이라면 시가총액 최상위 기업에 투자하는 것이 가장 바람직하다. 실제로 이들 기업들은 현금이 많다. 통상적으로 현금이 많다면 그대로 갖고 있다고 생각하는데, 전혀 그렇지 않다. 이들도 예금을 한다. 고금리로 경기는 안 좋지만 이들 기업은 고금리를 주는 예금을 하면 이 자체만으로도 앉아서 돈을 버는 형국이 된다. 대형 기업에서 마진율이 10~20% 나온다면 정말 대단한 기업이라고 한다. 결국 매출이 하락해도 다른 곳에서 이익이 나는 구조의 기업들은 경기와 상관없게 된다. 그래서 워런 버핏이 기업을 고르는 기준에 해자가 있는 기업을 선택하는 이유가 여기에 있는 것이다.

금리 스프레드가 하락하는 것은 경기가 살아나면서 기준금리가 상승해 스프레드는 점점 작아지게 되는 것이다. 이때가 주식 시장이 활황을 이루는 시기다. 결론적으로 미국의 장단기 채권 금리 스프레드는 매우 중요하다. 경기는 순환하는데 그 순환에는 주기성이 있다. 주기성이 있다는 것은 예측도 가능하다는 것이므로 이를 잘 이해한다면 주식 투자 뿐만 아니라 다른 자산, 사업, 국가 경제, 취업, 퇴직 등에도 많은 도움이 될 것이다.

물론 금리 스프레드에 대한 공부는 쉽지 않다. 금리와 채권 그리고 세계 정세, 주식 시장, 돈의 심리까지 고려해야 하기 때문에 충분한 공부와 투자의 실전 경험이 필요하다. 하지만 이를 잘 이해한다면 투자에 매우 유용한 도구로 쓰이게 되어 자산 증식에 엄청난 영향을 줄 것이다. 그러므로 꾸준히 공부하기를 바란다.

채권은 중장기 채권과 단기 채권이 있다. 중장기 채권은 일반적으로 시장 수요까지 고려된 수익률을 가지고 있다. 하지만 중장기 채권은 채권 가격이 채권 수익률보다 지배적이기 때문에 정책 금리에 연동하는 단기 채권과는 횡보가 다르다고 볼 수 있다.

인플레이션이 낮은 상황에서는 장기 채권 수익률이 단기 채권 수익률보다 높다. 그 이유는 기준금리가 낮으므로 단기 채권은 금리에 크게 반응할 수밖에 없기 때문이다. 반대로 인플레이션이 높은 상황에서는 단기 채권 수익률이 좋다. 기준금리가 고금리를 유지하기 때문이다.

다시 정리하면, 인플레이션이 높은 시기는 고금리 상황이다. 그것은 채권과 채무 관계에서 중장기로 돈을 빌려줄 수 없다는 것을 의미한다. 채권자 입장에서는 중장기 관점에서 자금을 운영하면 좋은데 인플레이션이 높다 보니 수익률도 좋고 리스크가 낮은 단기 채권을 선호할 수밖에 없다.

단기 채권은 채권 회수가 빠르다는 것을 의미한다. 그래서 채권 매입자 입장에서는 좋지만 발행 기업 입장에서는 불편할 수밖에 없다. 그리고 시장의 자금 사정도 원활하게 움직이지 않기 때문에 자금 조달에도 어려움을 겪을 수 있다.

장단기 채권의 역전금리는 자금 사정이 원활하게 흐를 수 없어서 시차를 두고 보면 경기 침체가 오게 된다는 것을 의미하며 단정할 수는 없지만 역사적으로 보면 역전금리 이후 경기가 불가피하게 어려웠던 적이 100%였다는 사실에 유의할 필요가 있다. 투자자들은 이러한 상황을 잘 이해할 필요가 있고, 이를 투자 전략 수립에 적절하게 이용한다면 자산 증식에 매우 도움이 될 거라고 본다.

# 세계 정세
## - 투자자는 관심의 폭을 넓게 가져야 한다

운전을 하다 보면 주유 시 휘발유 가격에 민감하게 반응하는 경우가 종종 있다. 그런데 투자자 관점에서 보는 것이 아니라 일반적인 관점에서 접근하는 경우가 흔하다. 투자자는 휘발유 가격이 인상되면 비싸다는 이유로 인상을 쓸 일이 아니라 나의 자산이 수천만 원씩 상승하고 있다고 생각해야 한다. 휘발유 가격의 상승은 수요에 따른 상승이고, 수요가 많다는 것은 산업 생산 활동과 가계 소비가 증가하고 있다는 것이기 때문에 주가나 부동산 가격이 상승하게 된다.

반대로 휘발유 가격이 하락하면 기분 좋아할 것이 아니라 나의 자산이 수천만 원씩 하락하고 있다는 것을 알아야 한다. 물론 어느 일정 기간은 물가의 요동으로 문제가 될 수 있지만 정상적으로 경기가 좋고 나쁠 때는 원자재 가격을 통해 경기 상황을 읽을 수 있고, 자산 시장의 움직임도 읽을 수 있다.

이런 관점이 바로 투자자와 일반인의 차이다. 세계지도를 대서양을 중심으로 보면 해상 물류의 경로를 알 수 있다. 소말리아 해적이 어디서 나타나는지도 세계지도를 보면 분명히 알 수 있고, 호르무즈 해협도 어디에 있는지 찾아보면 세계 정세 움직임을 이해하는 데 매우 도움이 된다. 아주 간단한 지도를 가지고도 세상의 안목을 넓힐 수 있다.

예를 들어 일본이 왜 한국과 북한의 사이가 좋아지는 것을 싫어하는지도 세계 지도를 가지고 쉽게 알 수 있다. 물류 비용 중 가장 싼 것이 육로다. 남북 경협이 잘되면 우리는 북한을 거쳐 중국에 무역을 할 수 있고, 중앙아시아에도 더 나아가 유럽으로 가는 무역 길이 열리게 된다. 그렇게 되면 물류 비용의 감소로 기업의 수익은 더 좋아질 뿐만 아니라 상품 가격 경쟁에서도 유리한 고지를 차지할 수 있게 되어 우리나라 기업들에게는 매우 유리하다. 또한 천연가스 세계 3위 사용국인 한국이 중동이나 미국에서 가지고 오지 않고 세계 최대 천연가스 매장지인 사할린에서 가지고 온다면 한국의 기업 입장에서 보면 매우 흥미로운 일이 아닐 수 없다.

저 멀리 유럽의 브렉시트는 왜 주식 시장에 영향을 줄까? 브렉시트는 영국이 단일 유럽경제인 유로존을 탈퇴한다는 의미라는 것을 알 것이다. 그러나 왜 이들이 브렉시트를 하는지 우리는 굳이 알 필요가 없다. 하지만 투자 세계나 기업을 운영하는 이익 집단에서는 매우 중요한 일이다. 브렉시트는 영국이 유로존에 더 이상 의존하거나 지원하는 것을 안 하겠다는 의미인데, 그렇게 되면 영국 경제는 단기적으로 좋지 않게 된다. 예를 들면 공동구매를 하면 여러 가지로 혜택이 많았는데 혼자서 해야 하기 때문에 시간과 비용이 많이 들게 된다. 영국 경제는 다시 처음부터 경제 구조를 계획해야 하며, 일일이 모든 국가와 무역 협정을 다시 맺어야 하기 때문에 영국에 수출하는 국가와 기업 입장에서는 별로 좋을 것이 없다.

또한 세계에 투자된 영국 자본들이 자국의 경제 사정으로 일단 유출될 확률이 높아지게 되고, 이로 인해 영국 자본이 투자된 나라와 기업은 외국인 자금 이탈로 주식 시장이 하락하는 것이 당연한 결과가 될 것이다.

홍콩의 시위를 뉴스를 통해 접한 사람들이 많을 텐데, 일반인이라면 먼 나라 이야기로 생각할 수 있지만, 투자자라면 이런 뉴스를 보면 공부를 해야 한다. 세계에서 가장 잘사는 도시국가이자 금융산업과 무역중개업으로 성공한 홍콩이 왜 시위를 하고, 이런 결과는 투자 세계에 어떤 영향을 미치는지 공부해야 한다. 홍콩과 관련한 투자는 그 이후 손해가 발생하게 되었다.

코로나 이후 러시아와 우크라이나의 전쟁으로 최대 수혜를 입은 나라는 미국이었다. 러시아로부터 에너지를 공급받았던 유럽은 미국으로부터 에너지를 공급받게 되었다. 이외에도 세계 정세는 지도를 통해 이해할 수 있는 부분이 많다.

결론적으로 말하자면, 성공적인 투자를 위해서는 관심의 폭을 넓게 가질 필요가 있다는 것이다. 현명하고 올바른 투자자는 단순하게 시세의 움직임에 따라 매매하는 것이 아니라 세상이 어떻게 변하고 있는지 관심을 가지면서 투자 관점에서 해석해 자산을 운영하고 관리해야 한다. 당신도 이런 상황을 읽을 줄 알면 성공적인 투자를 할 수 있을 가능성이 커지므로 지속적인 공부를 할 필요가 있다.

# 인플레이션, 스테그플레이션, 디플레이션, 리플레이션

경기를 상황별로 굳이 나눈다면 경제학적으로 4가지 경우를 들 수 있다. 너무 잘 아는 인플레이션부터 스테그플레이션, 디플레이션, 리플레이션 등으로 나눌 수 있는데 이들 경기 상황에 대해 간단하게 알아보자. 주식 투자를 하다 보면 위 용어들이 자주 등장하기 때문에 이들 용어가 가지고 있는 의미를 이해하는 것도 투자에 도움이 된다.

먼저 인플레이션은 경기가 상승하면서 물가도 상승하는 경기가 좋은 상황을 말한다. 물론 지나친 물가 상승은 문제가 되지만 경기가 좋은 상태에서의 물가 상승은 지극히 정상적인 것이라고 볼 수 있다. 지속적인 인플레이션이 되려면 경기가 지속 성장할 수 있는 산업 구조와 금융 및 사회 구조가 있어야 한다. 산업은 혁신 산업이 주기적으로 나와야 되고 금융은 이들 산업을 위해 지속적인 자금 흐름 공급과 함께 원활해야 하고, 사회는 생산 가능 인구가 줄지 말아야 한다. 이런 상황을 모두 가지고 있고 지속적으로 유지되고 있는 나라는 유일하게 미국이 될 수 있다. 참고로 개발도상국들은 이러한 인플레이션 시기를 겪으면서 고도성장을 하게 된다.

두 번째 스테그플레이션은 경기가 둔화된 상황에서 물가가 상승하는 것을 말한다. 우리가 일상에서 느끼는 물가 상승은 인플레이션이 아니라 스테그플레이션이 맞을 것이다. 왜냐하면 경기는 안 좋은데 물가만 올라서 푸념이 나올 수밖에 없는 현실을 말하기 때문이다. 과거 1970년대에 미국이 극심한 스테그플레이션 시대를 겪었던 적이 있었고 현재는 한국을 비롯한 대부분의 선진국이 여기에 해당된다. 이젠 중국도 예외가 아니다. 과거 고도성장이 더 이상 이루어지지 않고 있기 때문에 이 시기로 접어들었다고 보아도 과언이 아니다.

세 번째 디플레이션은 경기가 안 좋은 상태가 지속되어 물가 상승도 없는 상황이다. 소득이 적기 때문에 물건을 살 때 싼 물건만 사게 되어 기업의 생산성이 떨어지는 상황이다. 대표적으로 일본이 이러한 상황을 30년간 겪었고 최근 들어 탈출하고 있다.

마지막으로 리플레이션인데 이런 경우가 디플레이션에서 탈출하는 경우가 된다. 경기가 조금씩 살아나면서 물가도 상승하는 상황으로 경기가 서서히 움직이기 시작했다는 것을 의미한다.

이 네 상황을 가계 재정으로 보면 소득이 높아서 어려움 없이 소비하는 시기를 인플레이션 시기라고 보면 되고 소득이 높았다가 낮아지면서 소비에 대한 부담감을 느끼는 시기를 스테그플레이션 시기라고 보면 된다. 재정적으로 너무 어려워서 개인 회생이나 그에 준한 수준의 소득과 소비를 하는 경우를 디플레이션 시기라고 볼 수 있고, 이 시기가 지나면서 잉여자금도 생기고 점차 소득이 올라가고 소비를 조금씩 늘려가는 시기를 리플레이션 시기라고 보면 된다. 좀 이해가 가는가? 개인적 관점에서 경기 상황별 경제를 이해하니까 더 쉽게 느껴질 것이다.

그러나 여기서 알 수 있는 것은 각 경기별 상황에 맞는 투자 전략이 있다는 것과 각 나라별 투자 전략이 다를 수 있다는 사실이다. 사람들은 무조건 인플레이션이 나쁘다고 하는데 실상은 그렇지 않다. 우리가 말하는 경기는 스테그플레이션인데 만약 이 상황에서 호전되면 좋지만 호전이 안 되면 매우 어려워지게 된다. 안타깝지만 대한민국은 인플레이션 경기가 아니고 앞으로는 스테그플레이션 경기로 봐야 할 것이다. 이 부분에 대해서는 각자 고민이 필요할 것이다.

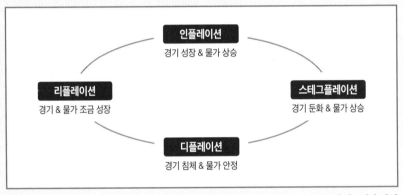

출처 : 저자 작성

# PART
# 02

## 머니 사이클과
## 경제 순환

86.2

20.9

16.8

17

주식 투자를 하다 보면 이런 생각이 들 때가 있다. 전 세계가 같이 상승하거나 같이 하락한다는 느낌 말이다. 마치 누군가에 의해 전 세계가 움직이는 것 같다는 느낌이 들 때가 있다.

왜 이런 일이 일어날까? 만약 내가 투자 클럽을 운영하고 있는데 회원 수가 상당히 많다고 하자. 그러면 클럽 리더가 주식 투자를 권유하거나 매도하는 사인을 하면 이들 회원들은 상당수가 클럽 리더의 말에 따라 움직일 것이다. 흥미롭게도 전 세계 주식 시장도 이런 비슷한 현상을 나타내고 있다. 물론 어느 한 사람, 또는 소그룹에서 이루어지는 결정이 아닐 거라고 본다. 그림자 금융이 있다고 하는 사람들도 있는데 이 부분에 대해서는 언급하지 않겠다. 이것은 여러분들의 상상에 맡기겠지만 분명한 것은 돈의 흐름이 동시에 이루어진다는 점이다. 10년 주기설, 미국 대통령 8년 임기 등 주식 시장과 경기 사이클에 관련된 이야기는 많다. 이러한 돈의 흐름, 즉 자본 이동에 대해 우리는 관심을 가지고 투자 전략을 수립할 필요가 있다. 경기 흐름 또는 경기 순환은 상승이 있으면 하락도 있다. 좀 더 크게 보면 경기 확장 초입과 경기 성장, 그리고 경기 고점을 지난 경기 하락, 경기 침체, 경기 회복으로 순환하게 된다.

이번 장에서는 앞장에서 배운 것을 토대로 각 경기 상황마다 세계 자본의 이동으로 주식뿐만 아니라 채권, 원자재, 부동산, 달러, 엔화, 금 등에 대한 투자 전략과 그 상황에 발생할 수 있는 경제를 움직이는 요소들에 대해 알아볼 것이다. 이번 장의 내용은 필자의 오랜 투자 경험과 지식, 그리고 실전에서 느꼈던 상황들을 바탕으로 한 것이어서 투자자들에게 많은 도움이 될 것이다.

경기가 변하는 데는 수많은 대외 변수가 있다. 그래서 경기 순환을 예측하는 것은 무리일지도 모른다. 하지만 오랜 투자 경험에서 겪었던 경기 순환에 대해 정리하면서 공통점을 발견할 수 있었다. 그 내용을 바탕으로 이번 장을 구성했으며, 투자자들에게 불확실한 미래에 최소한의 나침반 역할이 되었으면 한다.

미래에 자본이 또 어떻게 이동할지 모른다. 하지만 몇 십 년간의 상황들을 취합한 내용이기에 주식 투자뿐만 아니라 다양한 투자 측면에서 도움이 되리라고 본다. 여기서 중요한 것은 경기 순환의 시작을 경기 회복으로 보지만 투자 시계의 시작은 수많은 자산이 급락한 시점이므로 투자자는 이를 잘 이해해야 한다. 잊지 말자!

다시 시작되는 투자 시계는 경기가 버블에 의해 급락했을 때부터다.

# 1단계
# 경기 회복기

미국 기준금리 인상 시작(저금리 기조 유지)

FED 양적 완화 정책

부동산 가격의 상승

외국인 장세 – 개인 투자자의 무관심

주식 투자 전략 – 성장주 IT 저점 매수 기회

## 미국 기준금리 인상 시작(저금리 기조 유지)

경기 순환의 시작이라고 할 수 있는 경기 회복기는 이전의 경기 둔화 기간과 침체 기간을 잘 극복하면서 경기 회복이 이루어지는 기간이라고 볼 수 있다. 경기가 회복되었다는 신호는 각종 지표를 통해 알 수 있겠지만 좀 더 확실한 것은 미 연방준비제도(FED)의 자금에 대한 정책 변화이다.

크게 세 가지로 들 수 있는 경기 부양책

1. 기준금리 인하를 통한 이자 부담 감소
2. 중앙은행의 양적 완화(통화량 확대=대출량 확대)
3. 정부의 재정 정책

그동안 미 연방준비제도는 막대한 자금을 풀어서 경기 부양을 했다. 그중에서 가장 먼저 한 것이 금리 인하다. 시중 은행과 기업, 그리고 가계에 대해 경기가 안 좋을 때 대출 이자 부담을 줄여주었는데 이를 제자리로 돌려야 할 시기가 도래한다. 이 시기는 아무래도 경기가 회복 국면에 접어들 때다. 따라서 미 연방준비제도가 본격적으로 금리를 인상한다고 발표할 때가 경기 회복의 시작이라고 보면 된다.

그러나 가계는 그동안 저금리로 이자를 이용했기에 이런 금융권의 정책 변화가 일어나면 불안함을 느끼게 된다. 그래서 각종 언론에서는 가계 부채에 대한 부정적인 기사가 나온다. 하지만 금리가 인상되는 것이 이 시기의 경제가 정상적으로 작동한다는 의미기 때문에 단순히 가계 부채에 대한 부담감이 늘어난다고 경제를 비관적으로 볼 필요가 없다. 이렇게 되면 투자자로서 경제를 제대로 인식하지 못하게 되며 개인 투자자들의 좋아하는 마켓 타이밍을 놓친다. 이 시기에 주식 시장은 경기 회복에 대한 확신이 들면서 본격적인 상승 흐름을 보이고, 강세장의 면모를 갖추게 된다.

채권 시장도 기준금리가 높아지면서 중장기 채권 가격이 하락하고, 단기 채권 금리의 상승으로 미 장단기 채권 스프레드는 우상향에서 우하향으로 점차 추세를 전환한다. 중장기 국채 가격의 하락은 기준금리가 지속 상승한다고 볼 때 지금보다는 금리가 높을 때 채권에 투자하겠다는 것으로 해석할 수 있고, 반면 단기 채권은 미국 연준의 기준금리 인상 정책의 영향을 많이 받기 때문에 미 장단기 채권 수익률은 점차 우하향을 보여준다. 이와 더불어 수익성이 채권보다는 주식이 높다고 판단해 중장기 채권 매도세가 일어난다.

이 시기 경제는 회복 시기이기 때문에 주식 시장도 크게 대중의 관심을 못 가지고 일부 소신파 투자자들에 의한 투자가 본격적으로 이루어진다. 물론 경기가 안 좋았을 때 기준금리 인하 시기에 투자를 하는 게 제일 좋다. 금리 인하 시기는 주식 투자 시작이며 경기 회복 시기는 주식 투자를 본격적으로 참여하는 시기로 구분하면 된다.

어쨌든 투자자들은 미 연방준비제도 또는 각국의 중앙은행이 발표하는 금리 정책을 통해서 경기의 회복, 성장, 하락, 침체 등을 확인할 수 있으며, 이에 맞게 투자 전략을 수립해 투자하면 된다.


## FED 양적 완화 정책


미 연방준비제도(이하 연준), 즉 FED는 경기가 회복 국면에 진입하면서 본격적인 금리 인상을 시작한다고 하지만 그동안 경기 침체 시기에 경기 부양을 목적으로 뿌렸던 통화량에 대해서도 서서히 회수를 하기 위한 저울질을 한다. 미국 연준은 기준금리 인상과 함께 유동성 장세와 경기 둔화 시기 때 풀었던 돈을 회수하고자 할 것이다. 시중에 뿌렸던 돈을 회수하는 방법은 두 가지가 있다. 금리 인상과 양적 완화 종료다. 금리 인상은 시중에 흐른 돈을 서서히 회수하는 기능을 가지고 있고 빌려준 돈에 대한 직접적인 회수는 채권을 매각한다.

금리 인상 속도는 점진적으로 진행된다. 양적 완화(QE) 정책도 점차적으로 줄어들면서 정책 종료로 가게 된다. 양적 완화는 경기가 침체기로 들어가게 되면 시중에 돈을 푸는 것이다. 시중에 돈을 푼다는 것은 중앙은행이 시중 은행에게 대출을 한다는 것이고 이는 기업과 가계 그리고 금융권으로 대출을 해주는 흐름이라고 보면 된다.

좀 더 자세히 들여다보면 양적 완화를 하면 시중으로 돈이 흘러가서 경기 침체를 둔화시키거나 방어할 수 있지만 한편으로 이 돈들이 생산 활동이 아닌 투자 활동으로 흘러가기도 한다. 모든 자산 가치가 하락한 상태고, 특히 주식 시장이 급락을 했기에 주식 시장 부양 목적으로 흘러가는 경우도 있다. 2008년 금융 위기 때도 2020년 코로나19로 인한 경제 위기 때도 그리고 그 이전에도 양적 완화를 통한 경기 부양책은 계속해서 이루어졌다.

결론적으로 중앙은행의 양적 완화는 시중의 돈이 여러 방면으로 흘러가게 하는 것을 말한다. 기업의 생산 활동과 가계의 경제 활동 그리고 자산 시장의 투자 활동, 마지막으로 세수 등으로 중앙은행이 푼 돈이 흐르게 된다. 2015년 기준금리를 본격적으로 인상한다고 미국 연준이 발표했을 때 양적 완화도 종료하겠다고 했다. 미국의 기준금리 인상이나 양적 완화 종료는 미국 연준이 발표하기 때문에 이 뉴스에 대한 이해가 가장 중요하다. 참고로 미국 연준은 중앙은행이다. 주주들이 미국 정부가 아닌 미국의 시중 은행들로 구성되어 있다는 것이 특이하다. 미국 연준은 하나의 은행이나 다름없다. 달러를 마음대로 발행할 수 있는 세계 유일의 은행이다. 이 중앙은행의 이익 구조 또한 일반 시중 은행처럼 이자로 구성되어 있다. 돈을 푼다는 것, 즉 양적 완화는 대출을 해준다는 것과 이자를 받겠다는 것을 의미하며 반대로 긴축 정책은 돈을 회수한다는 것으로 원금과 이자를 돌려받겠다는 것이다.

경기가 회복하는 시기에는 미국 연준의 금리 정책과 통화 정책을 잘 살펴보아야 한다. 경기가 회복되어 금리를 인상하거나 돈을 회수하겠다고 할 수 있다. 이러한 정책 변화에 대해 불안해할 필요는 없다. 투자 관점에서 보면 경기가 좋아지고 있다는 증거가 되기 때문이나.

경기 순환에 대해 우리는 업종의 호황과 불황에 따라 움직이는 것으로 이해하고 있는지 모른다. 하지만 경기 순환의 원동력은 돈이다. 즉, 자본이 흐르면 경기가 호황이고 자본이 안 흐르면 경기는 불황이다.

"Capital Move."

## 부동산 가격의 상승

부동산 가격의 상승은 금리가 낮다고 해서 이뤄지지 않는다. 경기가 침체된 상황에서 소비자들은 주택에 대한 수요보다는 현실 소득을 중요시하기 때문이다. 실제로 경기 침체 구간에서는 부동산 가격은 하방 경직된 모습을 보여준다. 하지만 기준금리가 상승을 보이는 시점에서는 부동산 가격이 상승세를 보인다. 부동산 가격 상승도 경기 회복을 보일 때 소비자들이 부동산 자산에 관심을 가지게 되기 때문이다.

한국의 경우 2014년 정부가 부동산 대출을 풀어서 경기를 회복하려고 했다. 이때 실수요자들은 경기 침체에 따른 영향으로 그다지 관심을 보이지 않았으나 투자자들 사이에서 이미 매수세를 보여주었고 향후 실수요자들까지 가담하게 된다. 한국뿐만 아니라 2008년 리먼브라더스 사태를 겪은 세계 경제는 부동산 가격 하락 후 2014년부터 다시 부동산 가격이 상승세를 보였다.

부동산 경기는 실물 경기와 연동하기도 하지만 부동산 경기가 실물 경기를 이끌기도 한다. 이유는 부동산의 가격이 상승하면 경기는 살아나지 않는데도 불구하고 개인의 자산 가치가 상승하는 기분 호전을 느끼면서 소득 상승과 달리 자산 가격 상승에 따른 소비가 늘어나게 된다. 이를 기분 호전 효과라고 하는데 각국의 정부는 소비를 진작시키기 위해 경기 침체 시 의도적으로 부동산 정책을 활용해 소비를 진작시키기도 한다. 과거 2008년 미국발 금융 위기 때 각국의 정부는 주택담보대출을 최저금리로 80~100%까지 해주면서 부동산 가격을 상승시켰다. 무리하다고 할 정도였지만 금리도 낮은 상태였기 때문에 투자자들에게 있어서 좋은 환경이 아닐 수 없었다. 따라서 부동산 경기는 정부에 의한 경기 활성화 정책이라고 보아도 과언이 아니다.

경기가 안 좋아졌다가 다시 회복할 때 주식 시장과 부동산 시장 중 주식 시장이 먼저 회복되고 부동산 시장이 나중에 회복된다. 양적 완화의 효과는 기업에서 먼저 나타나기 때문에 주식 시장이 먼저 효과를 보게 된다. 부동산 시장은 국민이 곧 소비자이기 때문에 주택담보대출에 대한 부담이 적어야 그 효과를 볼 수 있다. 국민의 소득이 안정적이거나 향상될 때 부동산 가격도 움직인다고 생각할 수 있다. 물론 금리와 대출도 상관관계가 있지만 금리보다는 대출량이며 대출량보다는 경기 호황이다. 경기가 호황을 맞으면 그만큼 구매자가 많이 생기기 때문이다. 주식처럼 수급이 있어야 한다는 것이다.

## 외국인 장세 - 개인 투자자의 무관심

경기 회복 시기에는 개인 투자지 그룹과 기관 투자자 그룹 그리고 외국인 투자자 그룹 중 외국인 투자자 그룹이 먼저 투자하는 경향이 있다. 전 세계 거대 자금 중 일부가 미국을 중심으로 투자가 활발하게 움직이기도 하지만 전 세계도 이 시기에 주식 투자가 시작된다. 외국인 투자자들은 각국으로 자본이 흘러들어가서 그 나라의 시가총액 상위 기업들이나 업종 대표주에 집중적으로 투자하게 된다. 시가총액 상위 기업들을 중심으로 투자가 진행되는 이유는 경기가 회복될 때 시가총액이 높은 기업들 중심으로 실적이 나타날 수 있기 때문에 우선적으로 업종 대표 기업들부터 매수하게 된다.

그렇게 되면 달러를 각국의 화폐로 환전해야 하고 그 자본으로 해당 국가의 기업들을 매수하기 때문에 달러는 약세를 보이기 시작하며 전 세계 주식 시장의 상승세는 미국을 중심으로 확장되는 모습을 보인다. 돈의 흐름이 미국 중심에서 세계 중심으로 다시 뻗어나가는 것이다.

이때부터 환율은 서서히 약세, 즉 달러 약세가 나타나기 시작한다. 이 시기에 미국의 대형주보다는 한국과 같은 나라의 대형주들의 투자 수익률이 높아지게 된다. 그럴 수밖에 없는 이유는 적은 양의 돈이 유입되어도 미국을 제외한 각국의 금융 시장의 양과 기업들의 시가총액 양이 절대적으로 적어서 큰 변동성을 가질 수 있기 때문이다.

기관 투자자들은 이러한 경기 회복 시기에 외국인 투자자들과 함께 투자하지 못하고 한 박자 늦은 모습을 보여준다. 아무래도 기관 투자자들의 자본은 외국인 투자자들의 자본과는 성향이 다르기 때문일 것이다. 기관 투자자들의 자본은 그들이 운영하는 개인 투자자들의 자본이기 때문에 개인 투자자들의 투자 심리가 살아나지 않으면 투자를 적극적으로 할 수 없다. 외국인 투자자들이 시가총액 기업들과 업종 대표주들로 매수세가 늘어나면서 주식 시장이 상승세를 유지할 때 기관 투자자들은 그들의 고객에게 주식 투자를 해야 하는 이유를 설명해야 된다.

또 다른 그룹인 개인 투자자 그룹은 거의 주식 시장에 무관심한 모습을 보인다. 이들 그룹은 자본력이 있는 개인 투자자들이 아니라 근로 소득을 통해 자본을 축적하는 평범한 투자자다. 이들은 경기 침체 후 안정적인 재무를 이어오고 있는 중이었기 때문에 변화를 주면서까지 주식 투자를 하지 않는다. 안타깝지만 이들 개인 투자자 그룹이 투자하는 시점은 시장이 무르익었을 때다. 그 이유도 아주 간단하다. 경기가 안 좋다고 생각해 예금과 적금에 돈을 넣어두었기 때문에 이들 금융 자산이 만기가 되는 시기가 경기가 본격적으로 상승세를 보여주거나 무르익을 때이기 때문이다. 그때 개인 투자자 그룹은 만기가 도래되면 순차적으로 주식 시장에 참여한다.

경기 회복 시기에는 경기에 민감하게 움직이는 업종에 투자하는 것이 좋다. 아무래도 경기가 살아나기 시작하면 기업의 실적이 좋아진다는 것을 의미하기 때문에 시가총액 상위 기업들과 업종 대표주들로 주식 시장은 활발하게 움직이기 시작한다. 앞에서도 언급했지만 특히 개인 투자자 그룹이나 기관 투자자 그룹이 아닌 거대 자본을 움직이는 외국인 투자자 그룹에서 먼저 이들 기업들에 집중적으로 매수하기 시작한다.

시대 상황마다 경기를 움직이는 업종들은 매번 바뀌었다. 정해진 미래의 트렌드라고 할 수 있는 '저출생', '고령화', 그리고 '저성장'에서 성장성이 높은 업종은 IT를 기반으로 하고 있는 기술주와 제약 바이오를 통틀어 말하는 헬스케어산업이 된다.

특히 2020년 초부터 전 세계를 강타한 코로나19를 통해서 적나라하게 드러난 선진국들의 IT기반과 의료시스템의 낙후가 오히려 전염을 더욱 확대했다는 점은 시사하는 바가 크다. 이후 선진국을 중심으로 각 나라들은 IT기반과 의료시스템 재정비와 발전을 위해 막대한 투자를 하게 되었으며, 이들 업종들은 각국의 시가총액 상위를 차지하게 된다.

이뿐만 아니라 기술 사회는 더욱더 강화되고 있다. 특히 AI와 로봇, 그리고 스마트카를 중심으로 현재와 미래의 기술산업은 IT를 기반으로 더욱 발전하게 된다. 유동성 장세일 때 막대한 돈은 이들 산업으로 흘러들어가서 새로운 미래의 경제 성장 동력을 제공했다. 역사적으로 보아도 시대마다 성장산업이 경제를 다시 이끌었다. 그러나 이들 성장산업은 막대한 자본이 필요하고 설비 시설이 갖추어지는 데 시간이 필요하기 때문에 경제가 다시 성장하려면 시간이 필요하다.

그리고 경기가 회복한다는 것은 소비가 늘어나면서 이들 기업들의 제품이 많이 팔리기 시작한다는 것이다. 당연히 이들 기업은 점차 실적이 좋아지면서 향후 주식 시장은 모든 업종과 모든 기업들에게 좋은 실적 장세로 전환하게 된다.

# 2단계
# 경기 성장기

---

실적 장세 – 이동평균선이 정배열을 이루는 강세장

기관 투자자 그룹의 장세

부동산 가격의 상승세

원자재 가격의 상승세 – 인플레이션 정상 작동 중

FED의 금리와 통화 정책

달러 약세 지속과 각국의 환율 강세

주식 투자 전략 – 가치주, 홀딩 전략 지속

---

## 실적 장세 – 이동평균선이 정배열을 이루는 강세장

2단계인 경기 성장기는 중간 단계로서 실질적으로 경기는 완전히 회복했고 각국의 경제 성장 속도와 범위가 전방위적으로 이루어지는 실적 장세라고 보면 된다. 실적 장세의 특징은 탄탄한 펀더멘털

(Fundamental)을 기본으로 한 장세라는 점이다. 이 시기의 주식 시장은 대형주를 비롯해 많은 기업들의 주가가 좋아지는 특징도 가지고 있다. 아무래도 경기가 좋아지니 모든 산업이 좋은 실적을 낼 수밖에 없고, 어려웠던 후발 기업들이나 중소기업들마저도 실적이 늘어나는 그야말로 호황기로 가는 항해와 같게 된다.

주식 투자에서 기술적 분석 중 하나인 이동평균선도 단기 이동평균선이 가장 위에 있고 중기, 장기 이동평균선 순으로 나열되는 정배열 차트를 보여주는 전형적인 강세장을 이어간다. 이 시기의 주가 상승의 패턴을 보면 대형주가 주식 시장을 이끌고 중견 기업들의 주가가 가파르게 상승하는 분위기가 연출된다. 왜냐하면 주식 시장에 뒤늦게 참여한 자본이 대형주보다는 아직 주가가 제대로 반등하지 못한 기업들에 관심을 가지기 때문이다. 이들 기업은 시가총액이 작기 때문에 적은 양의 거래로도 주가가 급등할 수 있다.

또한 이 시기에 주식 고수들이 등장하게 된다. 바로 이런 기업들에 투자를 해서 수익을 냈기 때문이다. 그러나 이들은 진정한 주식 고수들이 아니다. 이 시기에 중견 기업들을 중심으로 투자를 해 큰 수익을 번 것뿐이다. 누구나 이 시기에는 조금만 기업 분석을 하면 큰 수익을 낼 수 있다. 다만 이 와중에도 실적이 나지 않거나 경제 성장과 동떨어진 기업을 선택하면 안 된다. 경기에 민감한 업종에 투자해야 큰 수익을 얻을 수 있다. 흥미로운 점은 경기가 고점으로 가면 갈수록 그동안 안 움직였던 대기업이나 중소기업들도 반등하게 되고, 심지어는 우선주도 큰 반등을 하게 된다.

## 기관 투자자 그룹의 장세

이 시기에 외국인 투자자 그룹보다 기관 투자자 그룹에 의해 주식 시장은 상승세를 이루어간다. 기관 투자자 그룹은 개인 또는 법인 자금을 운영하기 때문에 경기 회복 시기에 투입할 자본 여력이 부족한 편이다. 일반적으로 투자 자금이 본격적으로 들어오는 실적 장세가 시작될 때 주식을 매수한다. 그렇다 보니 외국인 투자자 그룹이 독식한 시가총액 상위 기업들보다 실적이 점차 늘어나고 있지만 주가는 아직 시세 분출을 못한 업종들에 투자를 하게 된다. 이렇게 되면 기관 투자자들은 언론이나 정보 분석 또는 다양한 매체를 통해 그들이 투자하고 싶은 업종에 대해 언론 플레이를 하게 된다. 그리고 고객들에게도 권유를 하기도 하고 펀드 포트폴리오에 편입을 하기도 한다.

그들은 왜 이렇게 하는 걸까? 결국 그들이 관심을 보인 업종과 기업들의 주가가 상승하면 수익률이 높아지기 때문이다. 기관 투자자 그룹이 관심을 가지고 투자한 업종과 기업들의 공통적인 특징은 주식 상승률이 몇 백 %씩 된다는 것이다. 외국인 투자자 그룹이 투자한 시가총액 상위 기업들의 주가 상승률보다 큰 차이를 보인다. 참고로 외국인 투자자 그룹이 투자한 기업들의 수익률은 기관 투자자 그룹이 투자한 기업들에 비해 수익률은 낮지만 변동성에서 안정적이다.

이렇게 소문이 난 기업들은 주식 시장을 활성화하는 데 효과적이다. 이들 기업은 각종 언론에 자의든 타의든 홍보가 될 것이며 사람들 사이에서 입소문이 나게 되어 그동안 주식 투자에 관심이 없던 개인 투자자 그룹까지도 움직이게 한다. 개인 투자자 그룹이 기관 투자자 그룹이 올려놓은 기업들에 관심을 보이면 이들 기업은 기관 투자자 그룹에서 개인 투자자 그룹으로 손 바뀜이 이루어지면서 주가는 하락 전환의 양상을 보여주게 된다. 한마디로 기관 투자자 그룹이 개인 투자자 그룹에 높은 가격에 넘기고 나오는 전략이라고 보면 된다.

어쨌든 기관 장세는 시가총액 최상위 기업들의 장세가 아니라 그동안 상승을 못한 기업들의 실적 장세라고 보면 될 것이고, 이를 계기로 주식 시장은 개인 투자자 그룹까지 참여하는 대세 상승장을 이어가게 된다.


## 부동산 가격의 상승세

부동산 시장 또한 호황을 보인다. 경기 침체 및 둔화시기에 돈을 풀고 금리를 인하했고 정부의 소비 진작을 목적으로 부동산 정책을 다시 활성화했기 때문에 이미 부동산 시장은 상승세가 지속 중인 시기다.

부동산 경기가 전국적으로 좋아지면 건설사를 비롯한 건설 자재 수요 증가로 가격이 상승하게 되며 이는 원자재 가격 상승을 유발하게 된다. 뿐만 아니라 가구 및 인테리어 업계도 실적이 상승하게 되고, 자영업에도 좋은 영향을 미친다. 또한 정부는 어려울 때 펼쳤던 재정 정책을 증세를 통해 거둬들이고, 정부의 재정도 좋아지기 시작한다.

부동산 시장은 주식 시장과 달리 실물 경기에 직접적 영향을 미치기 때문에 개인 투자자들은 주식 시장에 대한 관심보다는 부동산 투자에 대한 관심이 높아지게 된다. 이때 부동산 경기도 전 세계적으로 동조화하는 경향이 있다. 그럴 수밖에 없는 것이 현대의 경기 순환은 글로벌

공조가 강하기 때문에 각국의 정책이 비슷한 시기에 나오고 비슷하게 진행된다.

　결론적으로 부동산 경기가 상승한다는 것은 기업의 실적도 좋아지고 있는 것이고 이렇게 되면 근로소득도 높아지고 부동산 가격 상승이 이어져 경기는 선순환의 모습을 보여주고, 경기 호황으로 가는 항해를 계속하게 된다. 그러나 이 시기에 조심할 것은 돈이 시중에 흐르기 시작하면서 주택 공급이 자연스럽게 늘어나게 되는데, 주택 공급이 늘어나는 원인은 바로 수요가 늘어나서 그렇다는 사실이다. 그동안 주택에 관심을 못 가지다가 다시 가지게 되니 수요가 늘어나게 되고 이를 잘 아는 건설사들은 이 시기에 분양 물량을 쏟아내게 된다. 그래야 매출이 높아질 수 있기 때문이다. 건설사 입장에서도 이 시기는 매우 중요한 시기다. 이 시기는 경기 고점보다는 덜 하지만 모두가 희망에 부풀기 시작하는 시기다. 주식 투자든 부동산 투자든 사업을 하든 가계도 기업도 정부도 모두 희망에 찬다. 그러나 사람들의 바람과는 달리 경기는 점차 과열 시기 또는 고점으로 가고 있는 중이다.

## 원자재 가격의 상승세 – 인플레이션 정상 작동 중

　경기가 회복되기 시작하면서 구리를 비롯해 니켈, 유가 등 원자재 가격의 상승이 이루어진다. 아무래도 그동안 위축되었던 소비가 살아나기 시작하면서 기업의 생산 활동이 활발해져 원자재 가격의 상승을 기대할 수 있게 된다. 원자재 가격이 상승한다는 것은 원자재를 수출하는 국가로서는 수익이 증가하는 것으로 자원국의 경제 성장률도 상승한다. 이렇게 자원국들도 수익이 증가하면서 소비가 늘어나게 된다. 산유국들의 경제가 성장하면 가장 큰 수혜를 보는 지역이 유럽이다. 유럽 경제는 산유국들의 경제가 좋아지면 자연스럽게 좋아진다. 유럽 경제가 좋아지면 유럽에 상품을 수출하는 한국이나 중국 같은 수출국에게 좋은 영향을 주게 된다. 이렇게 경기가 성장하면 한 나라만의 성장이 아니라 전 세계가 함께 성장하게 된다. 따라서 주식 시장과 원자재 가격의 상승은 비례할 수밖에 없다.

원자재 가격이 상승한다는 것은 물가가 상승한다는 것을 의미한다. 예를 들어 원유 가격이 상승하면 우리가 사용하는 휘발유 가격이 상승하게 되고, 제품 가격도 상승하게 된다. 우리는 이러한 경제 구조를 인플레이션이라고 한다. 인플레이션은 경제 측면에서 보면 매우 중요하다. 물가가 오른다는 것은 결국 경제가 좋아진다는 것을 의미하기 때문에 정상적인 인플레이션은 경제의 선순환이 지속적으로 이루어지고 있다는 것을 의미하기도 한다.

## FED의 금리와 통화 정책

### 금리 인상 지속

경기가 한창 성장을 보이는 실적 장세에서는 미국의 기준금리를 비롯한 각국 중앙은행의 기준금리를 계속 인상한다. 그 이유는 경기가 좋을 때 이들 중앙은행도 지속적인 이자 수익을 얻을 수 있으며 더욱 중요한 것은 경기가 안정적으로 상승세를 유지해야 하는데 자칫 과열로 갈 수 있어서 인플레이션을 제어하기 위해 금리 인상을 하는 것이다. 물론 기업과 가계에 충격을 적게 주면서 금리를 점진적으로 인상한다. 실적 장세에서는 이러한 이자보다는 실적이 더 크기 때문에 그리 큰 문제는 되지 않는다. 이 시기는 경기가 좋아지고 있는 상황이라 은행, 기업, 가계 더 나아가 정부의 재정 정책도 잘 돌아간다. 점차 고용률도 높아지고 기업의 실적도 좋아지는 시기다.

### 완화 정책에서 긴축 정책 변화

미 연방준비제도는 그동안 금리 인상을 통한 금리 정책 기조를 유지하다가 경기가 본격적으로 성장하면서 어려울 때 푼 막대한 자금을 회수하는 정책으로 변화를 본격적으로 보여준다. 돈을 푸는 것을 양적 완화라고 하면 돈을 회수하는 것은 긴축 정책이라고 한다. 긴축 정책은 금리를 급하게 인상하는 긴축 정책도 있지만 그동안 빌려준 돈을 회수하면서 시중의 유동성을 줄이는 정책도 있다. 시중의 유동성이 줄어든다고 해서 당장 경기 성장 엔진이 멈추는 것은 아니다. 이러한 긴축 정책도 경기 상황을 보면서 금리 정책과 연계해 시행하게 된다. 어렵게 달구어지는 경기 엔진에 차가운 물을 뿌릴 수는 없기 때문에 미국 연준은 신중함을 보여줄 수밖에 없다.

어쨌든 미국 연준의 긴축 정책의 시작은 즉 채권 매각을 통한 자금 회수로 시중의 유동성은 점차 줄어들게 된다. 미국 연준은 세계 경제가 어려울 때 업무가 시작된다. 돈이 필요한 곳에 돈을 빌려줌으로써 막대한 이자를 받을 수 있고, 경기가 회복되면 돈을 회수하기만 하면 된다. 미국 연준은 전 세계의 자본을 움직이게 하는 핵심 주체다. 미국 연준에 의해서 경기가 좋아지거나 나빠진다고 보아도 무리가 아니다.

다만 이러한 과정에서 돈의 흐름이 다양하게 흘러가서 때로는 활황을 때로는 불황을 만들기도 하며 이러한 상황을 경제학자들은 한껏 복잡하게 표현함으로써 그들의 이론을 주장하기도 한다. 시장의 결과를 가지고 특히 불황에서 경제 이론은 참 다양하게 거론되고 경제학자뿐만 아니라 속칭 전문가라는 모든 사람들은 다양한 이론을 가지고 결과를 대입하기도 하고 과거의 이론을 숭배하기도 한다. 필자는 통화량에 의한 경기 순환을 미국 연준의 돈놀이에 의한 경기 순환이라고 부르고 싶다. 이러한 미국 연준의 돈놀이에 우리의 삶이 움직인다는 것이 안타깝지만 세계적인 석학들까지도 알면서(?) 맞장구를 치는 모습은 정말 안타까울 따름이다.

## 달러 약세 지속과 각국의 환율 강세

경기의 성장 국면에서는 외국인 투자 측면에서 볼 때 전 세계로 돈이 흘러들어가면서 전 세계 주식 시장은 호황을 이룬다. 각국으로 달러가 흘러들어간다는 말이다. 달러는 미국이 아닌 다른 나라로 흘러갈 때 반드시 이유가 있게 마련이다. 단순히 수출입 기업의 입장에서 달러의 흐름을 해석하면 안 된다. 달러를 안전 자산으로 평가하는 것은 맞지만 달러도 결국 수익률에 따라 움직이는 현금이기 때문에 세계 경제가 좋아지면 돈은 수익률을 쫓아갈 수밖에 없다. 따라서 달러를 보유한 외국인 투자자들은 각국의 기업에 투자하러 흘러가고 해당 국가의 환율은 강세를 보인다. 왜냐하면 달러로 해당 국가의 기업에 투자를 할 수 없기 때문이다.

달러가 강세가 되어 달러로 자금 조달 시 추가 비용이 드는 것보다 기업의 이익이 좋아서 달러가 약세가 되고 원화가 강세가 되는 것이 때로는 수출 기업 입장에서 좋을 수도 있다. 또한 수입 기업 입장에서도 달러 약세로 비용 부담이 줄어 마진이 많이 남게 된다.

우리나라처럼 무역 의존도가 대단히 높은 나라에서 달러의 변동성은 기업을 운영하는 입장에서 보면 매우 불리하다. 하지만 실적이 좋은 경기 성장기에는 수출입 기업 모두에게 좋다고 보면 된다. 그래서 한국 기업의 주당순이익이 높아지면 그 시기에 달러는 약세를 보이고, 반면 기업의 주당순이익이 낮아지면 달러는 강세를 보인다. 이는 우리나라만의 현상이 아니라 미국을 제외한 다른 나라에도 해당된다. 이유는 경기가 좋을 때는 미국을 중심으로 주식 시장이 움직이기는 하지만 개발도상국과 같은 신흥국의 경제 성장률이 강해 수익률이 높은 곳으로 자금이 흘러가기 때문이고, 미국 수출 기업도 달러 약세로 유리한 상황을 맞이하게 된다. 경제학적인 관점에서 보면 이해가 안 되겠지만 돈은 수익성을 쫓는 속성이 있기 때문에 자국의 수익률보다 높은 곳이 있다면 그곳으로 돈이 몰려간다.

코스피는 한국의 대표적인 기업들이 모여 있는 시장이다. 이들 기업의 이익이 늘어나면 코스피도 상승하며 이들 기업의 이익이 줄어들면 코스피는 하락한다. 코스피가 상승한다는 것은 기업들의 이익이 늘어나기 때문인데 외국의 자본은 이러한 점을 고려해 한국으로 자본이 흘러들어오게 된다.

달러가 약세인 것은 외국인 투자자들이 한국 주식을 사기 위해 원화로 환전했기 때문이고, 이것은 주식 상승의 요인으로 작용한다. 반대로 달러가 강세인 것은 외국인 투자자들이 한국 주식을 팔고 달러로 환전한 것으로 이것은 주식 하락의 요인으로 작용한다.

경기 회복기가 시가총액 위주의 상승이었다면 경기 성장기에는 후발 기업들과 다른 업종들까지 상승하는 국면을 보여준다. 기관 투자자 그룹이 주도가 되어 특정 업종이 강하게 상승하는 것을 볼 수 있는 시기이기도 하다. 앞서 언급했지만 기관 투자자 그룹은 경기 회복기에 시작하지 못한 투자를 만회하기 위해 특정 업종에 집중하는 경향이 있다. 수익을 내야 그들의 고객들을 만족시키고 이탈을 막을 수 있기 때문이다.

기관 투자자들이 관심을 가지는 업종도 있지만 외국인 투자자 그룹과 기관 투자자 그룹마저 소홀하게 보는 무거운 기업들도 상승하게 된다. '성장주'와 '가치주' 같은 말은 기관 투자자들과 언론이 만들어낸 단어 같은데 사실 성장주와 가치주에 큰 차이는 없다고 본다. 성장주는 상승력이 큰 주식이고 가치주는 주가 상승률은 낮지만 꾸준히 시세를 높여가는 기업이다. 실적이나 업황 측면에서도 성장주는 매우 역동적이고 가치주는 이미 성장주 단계를 넘어 안정적인 단계로 가고 있는 기업으로 보는 경향이 있다.

그러나 투자 측면에서 보면 성장주와 가치주의 차이점은 없다고 본다. 경기 성장기에는 어느 기업이든 상승세를 보이기 때문에 경기 회복 때 먼저 상승한 기업들이 아닌 후발 주자로 견실한 기업들의 상승도 나타나게 된다.

경기 회복기나 경기 성장기에는 기업의 실적이 계속 좋아지기 때문에 잦은 매매를 통한 수익률 실현보다 매매를 제한하고 홀딩하는 전략이 더욱 효과적인 주식 투자라고 볼 수 있다. 잦은 매매는 수수료와 마켓 타이밍의 예측 불허가 있으므로 오히려 매매를 자주 안 하는 홀딩 전략이 수익률 측면에서 보면 더 높게 나타난다. 경기 성장기는 주식 투자의 수익률이 아주 좋아지는 시기임은 틀림없다. 홀딩 전략을 가져가도 수익이 나고 단기 매매를 해도 수익이 나는 시기이므로 이 시기에 투자 수익률을 극대화해야 한다.

# 3단계
# 경기 안정기(정점)

개인 투자자 그룹의 주식 시장 참여 확대

미국의 기준금리 인상으로 인한 금융 비용 상승세

부동산 시장의 과열 및 둔화

FED의 통화정책 – 긴축 정책 종료

미국의 장단기 채권 스프레드의 변화를 예의 주시 – 역전금리

경기 과열에 따른 둔화 우려

원자재 가격 강세에서 약세로 전환

급등주, 테마주, 우선주가 극성

각종 금융상품 가입의 증가

안전 자산을 선호하기 시작

환율 강세 및 각국의 환율 약세 전환

폭풍 전야

주식 투자 전략 – 현금 비중 확대, 대형주 위주, 미국 주식

## 개인 투자자 그룹의 주식 시장 참여 확대

경기 순환의 정점이라고 할 수 있는 경기 안정기는 대부분의 업종이 성장을 했고 경제는 순항하는 모습을 보여준다. 그러나 경기 안정기는 경기 정점과 같다고 봐야 한다. 왜냐하면 경기가 안정권에 들어갔다는 것은 소비 진작에도 한계가 왔다는 것이고, 자본이 소득보다 자산 가치에 관심을 보여주기 때문에 위험 자산의 정점도 나타나게 된다.

특히 주식 시장은 그동안 관심을 덜 가졌던 개인 투자자 그룹의 적극적인 참여가 두드러지게 나타난다. 경기 회복기를 지나 경기 성장기에 일부 개인 투자자들은 직접 투자를 하기도 하고, 기관 투자자들을 통한 투자를 했지만 많은 개인 투자자들이 적극적으로 참여하지는 않았다. 그러나 이 시기는 적극적으로 개인 투자자들이 참여를 하면서 주식 시장은 더욱 활기를 띤다. 각종 언론에는 기업들의 실적이 좋다는 발표로 넘쳐나고, 어느 기업의 투자 수익률이 좋았다는 뉴스도 나오게 된다. 바야흐로 개인 투자자들이 좋아할 만한 뉴스가 넘쳐난다. 뿐만 아니라 속칭 주식 투자 클럽도 기승을 부리기 시작한다. 이들 집단은 적게는 몇십만 원에서 많게는 수천만 원에 이르는 회원제로 투자자를 모집해 투자 수익률이 높을 거라는 기업들을 소개해준다.

대형주보다는 중소형 기업을 중심으로 주가는 급등을 하면서 개인 투자자들은 시장에 적극적으로 참여하게 된다. 개인 투자자들이 경기가 정점일 때 참여하는 이유는 아무래도 시장에 대한 신뢰가 다소 부족하다 보니 기업의 성장이나 실적에 의존할 수밖에 없어서다. 즉, 사실적 근거가 확인될 때 투자를 시작한다는 것이다. 그런데 안타깝게도 이 시기에는 떠도는 루머까지도 하나의 정보로 해석해 주식 시장에 참여하는 경우도 있다. 이때는 해당 기업의 주식을 고점에 매수하는 경우가 생기게 된다.

　이 시기의 개인 투자자 그룹의 투자 특징은 차트에 의존하기도 하고 재무제표에 의존하기도 하고 전문가에 의존하기도 하고 각종 뉴스에 의존하면서 주식 투자에 대한 본질적 접근보다 주식 게임을 하는 모습을 보여주게 된다. 마치 한탕을 노리는 것 같은 양상으로, 카지노와 같은 예측할 수 없는 곳을 예측하면서 마켓 타이밍에만 관심을 가지게 된다. 이 시기에는 재무제표와 차트가 모두 좋다. 문제는 개인 투자자 그룹이 참여할 때 사실적인 상황을 보고 투자 결정을 하게 된다는 것에 함정이 있다. 실적이 잘 나온다는 것은 미리 투자한 사람들에게는 매도의 구실이 되기 때문이다. 결국 사실을 확인하고 투자하는 사람들은 손해를 볼 수밖에 없다. 투자는 그 자체로 50%의 리스크를 가지고 있다. 리스크를 미리 안고 하는 것인데 실적이 나오고 투자를 한다는 것은 고가에 주식을 매수하겠다는 것과 같은 말이 아닐 수 없다. 주식 투자를 해서 돈을 버는 개인 투자자가 없다는 이유가 여기에 있는 것이다. 이 시기에는 매수세가 많고 경기도 좋아서 어느 기업이든 차트와 재무제표는 좋을 수밖에 없다. 과장해서 아무것이나 들고 있어도 수익이 나는 시기라고 할 수 있다.

　주식 투자는 기업의 펀더멘털을 믿고, 트렌드를 이해하면서 시간에 투자하면 되는데 이 시기에 대부분의 개인 투자자들은 주식 게임을 한다. 특히 이 시기에는 어느 기업이든 종목이든 상승하고 있기 때문에 게임 같은 심리가 작용한다. 그리고 각종 언론과 뉴스 그리고 인터넷에서 전문가라고 불리는 사람들이 확실한 주식 투자 기법을 알려주겠다며 개인 투자자들의 마음을 사로잡는다.

개인 투자자들 스스로가 투자 수익을 잘 낸다고 생각하고 있기 때문에 자기의 주식 투자 실력을 과대평가한다. 주식 시장의 수요가 증가하면서 투자 수익이 그냥 좋아진 것뿐인데 자신의 투자 실력이 좋아서 투자 수익률이 높게 나왔다고 착각한다. 이렇게 생각하게 된 개인 투자자들은 이전보다 많은 자본을 투입해 본격적으로 주식 게임을 시작한다.

경제와 기업의 본질을 알고 하는 주식 투자와 오로지 단기적인 수익률만 보고 하는 주식 게임은 엄연히 차원이 다르다. 이 시기의 개인 투자자들은 안타깝게도 후자인 주식 게임을 한다. 그리고 대부분 이들에게 돌아오는 결과는 매번 그랬듯이 실패에 가깝다. 아주 운 좋은 개인들만 빼고 말이다.

## 미국의 기준금리 인상으로 인한 금융 비용 상승세

미국 연준은 이 시기에도 기준금리 인상을 계속한다. 경기는 인플레이션을 유지하면서 물가가 상승하기 때문에 경기가 호황을 누리고 있다고 판단해 미국의 기준금리를 계속해서 인상하게 된다. 자칫 과열로 진행될 수 있기 때문이다.

기업은 경기 침체와 둔화 시기에 은행으로부터 대출을 받아 생산 활동을 하게 되어 경기가 좋아지면서 실적도 향상되었다. 기업의 실적이 좋을수록 현금 보유고도 늘어나고, 그동안 빌린 자본을 상환하려고 한다. 왜냐하면 기준금리가 인상될수록 기업의 대출 이자 또한 상승하기 때문에 금융 비용에 대한 부담감을 가질 수밖에 없다. 경기가 호황인 이 시기에 기업들은 대출 상환에 대한 재무개선을 계획하고 실행할 확률이 높다.

금리 인상은 가계에도 부담이 된다. 아무리 경기가 좋다고 해도 계속해서 인상된 금리에 가계도 부담을 느끼기는 마찬가지다. 금리가 인상되는 만큼 가계 소비도 줄어들 확률이 높기 때문에 기업 입장에서는 미리미리 준비하지 않으면 안 된다.

또한 경기가 정점에서 하락하면 가계 소비는 줄어들 수밖에 없고 기업은 매출 감소로 이어지기 때문에 경기가 호황일 때 기업들은 현금 확보를 하게 된다. 예를 들면 사옥을 매각하거나 사업부를 매각하는 것이 대표적인 예다. 투자자들은 이때를 경기 고점이자 향후 경기 변화를 예고하는 일종의 시그널이라고 생각하면 된다. 따라서 금리가 인상 중이며 경기가 정점일 때 가계와는 달리 기업은 매출은 늘어나지만 다음 경기 순환을 위한 준비를 하게 된다. 이 상황을 모르는 개인 투자자들은 주식 시장에서 마켓 타이밍을 찾느라 정신이 없다. 금융권도 같이 동참하며 파티에 정신을 쏟는다. 곧 다가올 미래가 어떤지도 모르고 말이다.

## 부동산 시장의 과열 및 둔화

가계는 소득도 늘어나고 경기도 좋기 때문에 소비 지출도 늘어난다. 이때 부동산 시장이 주식 시장보다 과열 양상을 보인다. 시중에는 여전히 대출이 잘되고 금리에 대한 부담보다는 자산 상승에 대한 기대가 높기 때문에 대출을 이용한 레버리지 효과로 부동산 투자에 대한 관심은 뜨거워지며, 심지어 전세 비중을 크게 가지고 투자하는 갭 투자도 극성을 부린다. 그리고 가장 비싼 지역의 부동산은 가격이 더욱 상승하는 모습을 보여준다.

이러한 상황은 정부 입장에서 보면 좋지 않다. 과도한 대출로 인한 이자 부담과 가계의 현금 자산이 부동산으로 몰리면서 실질 경제에 도움을 주지 못하기 때문이다. 그래서 정부는 경기 침체 때와는 다른 부동산 억제 정책을 사용할 수밖에 없게 된다. 비정상적인 자본의 흐름을 정상적인 경기로 되돌려놓아야 하기 때문에 부동산 억제 정책은 계속해서 발표된다. 이때 일부 부동산 투자자들은 매도자 중심의 시장에서 이익 실현을 하기 시작한다.

건설사도 이러한 상황에서 수익을 얻기 위해 분양 가격을 실거래가격에 맞추어 높게 형성해 밀어내기식의 분양을 한다. 건설사들은 경기가 정점일 때 경쟁적으로 부동산 분양 물량을 마구잡이로 쏟아내는데, 그 이유는 후발 주자들의 대거 분양이 진행되기 때문이다. 경기가 과열 양상을 보일 때 한몫 잡지 않으면 향후 경기가 둔화되면 건설사의 매출도 떨어지게 되므로 밀어내기식 분양을 하게 된다. 하지만 정부도 이 시기에 대규모 프로젝트를 계획하고 발표하는데, 이러한 모습은 특히 지자체에서 두드러지게 나타난다. 만약 이 시기에 대선과 총선, 그리고 지방선거까지 있다면 그런 양상은 더 두드러지게 나타난다. 이것은 구매자와 판매자 그리고 계획자 모두의 뜻이 맞아떨어지는 것으로 어떻게 보면 정부와 지자체가 부동산 투기를 부추기는 모습을 보여준다고도 하겠다.

이렇게 과열되는 부동산 시장은 정부의 억제 정책으로 진정되는데,

이로 인해 풍선효과도 나타난다. 주식 투자에서 업종의 순환이 이루어지는 현상이 있는 것처럼 부동산도 마찬가지 현상을 나타내면서 지역적인 순환 강세가 이루어진다.

부동산 시장이 진정되거나 둔화를 보여 주는 근본적인 원인은 대출과 관련 있는데, 정부가 대출을 막아버리면 부동산 투자 특성상 큰돈을 움직일 수 없어 부동산 투자도 활력을 잃게 되고, 시장 참여자가 줄어들면서 시장은 점차 진정되거나 둔화되는 모습을 보여 주게 된다.

이러한 부동산 시장의 진정으로 시중의 유동 자금의 일부는 주식 시장으로 옮겨 가기도 하면서 주식 시장은 좀 더 강세장을 이어가게 된다. 자산 증식 수단으로 주식, 부동산, 금, 달러, 채권 등 여러 가지가 있는데, 그중 부동산은 주식과 상관관계가 매우 높다. 경제가 좋아야 부동산 시장도 좋다. 부동산 시장이 좋아지려면 경제 주체가 좋아야 한다. 그 경제 주체가 기업이고 이들 기업들이 모여 있는 곳이 주식 시장이기 때문에 당연히 부동산 시장과 주식 시장은 매우 긴밀한 상관관계를 가졌다고 볼 수 있다.

부동산 시장은 금리와 연동된다고 생각하는 경향이 있다. 실은 금리의 영향은 크게 받지 않는다. 잘 생각해보자. 제로금리 시대와 다르게 과거 주택담보대출이 고정금리로 5%였던 시절도 있었다. 필자의 친구는 이때 주택담보대출을 받고 좋아한 적이 있다. 왜냐하면 2000년 초 그 당시 기준금리가 5% 이상이었기에 주택담보대출의 금리는 높을 수밖에 없었다. 지금 대출 금리가 5%면 대단히 높다고 생각되지만 그때도 부동산 열풍은 대단했다.

그렇다면 부동산 시장은 무엇에 영향을 받는 것일까? 정답은 대출과 소득이다. 대출을 많이 받을 수 있으면 된다. 부동산 투자의 특성 중 하나인 레버리지 효과가 발휘되려면 대출이 잘되어야 한다. 우리는 경험으로 이미 이러한 상황에 대해 잘 알고 있다. 대출을 잘해주는 시기에 부동산 시장은 상승하고 대출 규제가 심하면 부동산 시장은 하락한다.

부동산 시장도 결국 대출량 즉 통화량에 의해 움직인다는 것을 알았다. 그리고 부동산 시장은 주식 시장과 마찬가지로 인플레이션이 적용되는 자산이지 주식과 반대되는 자산이 아니라는 것도 알 수 있다. 경기가 고점으로 치닫는 시기에 미국 연준의 통화 정책은 통화량을 상당 부분 회수했기 때문에 앞으로 시중의 통화량은 줄어들게 될 것이고, 이는 세계 경제에 앞으로 닥칠 전조가 된다. 그러나 주식 시장과 부동산 시장은 여전히 호황을 누린다. 앞으로 닥칠 위기가 가려진 채 '회색 코뿔소(지속적인 경고로 충분히 예상할 수 있지만 쉽게 간과하는 위험 요인을 말하는 용어)'가 다가오고 있는데 말이다.

## FED의 통화정책 – 긴축 정책 종료

미국 연준은 이 시기에 그동안의 돈을 회수하는 긴축 정책을 종료한다. 이것은 시중에 유동성이 줄어든다는 것을 의미한다. 그동안 유동성이 풍부했던 자본이 시중에서 중앙은행으로 유입되었다는 것으로 시중 은행을 비롯한 기업들에게는 좋지 않은 일이다. 미국 연준의 긴축 정책 종료는 투자자 입장에서 보면 경기 고점에서 곧 경기 침체의 기로에 서 있다는 것을 의미하기도 한다. 시중에 유동성이 없으면 경기는 침체를 맞이하게 될 것이고, 이때 미국 연준을 비롯한 각국의 중앙은행은 또다시 시중에 돈을 풀어 경기 침체를 막고, 그들은 경기가 성장할 때까지 기다렸다가 이자와 원금을 회수하는 정책을 반복할 것이다.

결국 미국 연준의 긴축 정책 종료는 경기가 최고점에 왔다는 신호로 보아야 할 것이고, 이 시기에 그동안 경기 성장에 따른 투자 전략에 변화를 줘야 한다. 주식 투자의 경우 일부 이익 실현과 포트폴리오 재조정 또는 현금 비중을 확보하면서 다음 경기 순환을 준비하는 투자 전략을 취해야 한다. 왜냐하면 그동안의 자산 상승과 다른 압도적인 자산 상승의 시기가 오기 때문이다. 또다시 막대하게 통화량이 늘어나는 시기가 온다.

## 미국의 장단기 채권 스프레드의 변화를 예의 주시- 역전금리

미국 연준의 통화 정책 변화로 거대한 자본 이동이 시작된다. 주식이나 부동산과 같은 수익을 추구하는 흐름에서 채권과 같은 수익이 낮은 자산으로 흐름의 변화가 시작된다. 이 시기에 그동안의 돈을 회수하는 긴축 정책을 종료하면 시중에 유동성이 줄어들고, 그동안 유동성이 풍부했던 자본이 시중에서 중앙은행으로 유입되었다는 것은 시중 은행을 비롯한 기업들에게는 좋지 않은 일이 아닐 수밖에 없다. 거대한 자본은 미국 연준의 통화 정책 종료로 주식 시장에서는 자본이 이탈한다. 그렇게 되면 주식 시장은 경기가 호황인 상황임에도 불구하고 약세장으로 전환하는 모습을 보이게 되고, 이때 개인 투자자 그룹은 막대한 손실을 보게 된다.

이때 미국의 장단기 채권 스프레드에서 이상 징후가 발생한다. 그동안 안정된 모습을 보여주던 채권 스프레드가 갑작스럽게 하락하게 되는 것이다. 거대한 자본이 미 장기 채권을 갑작스럽게 사들이면서 장기 채권 금리, 즉 수익률이 낮아지고 반면에 가격이 높아지는 모습을 보인다. 채권 수요가 갑자기 많아지면서 나타나는 현상이다. 왜냐하면 그동안 높았던 기준금리가 인하될지도 모르기 때문에 지금 중장기 채권을 매수하는 것이 적기라고 판단해 채권 투자자들은 채권 매수에 참여하기 때문이다. 문제는 자본의 이동이 채권으로 흘러가기 때문에 주식 시장의 하락세는 어쩌면 당연한지도 모른다.

또한 시간이 흐를수록 미 장단기 채권 금리 스프레드(10년물과 2년물)는 10년물 채권 금리의 급격한 하락이 2년물 채권 금리의 하락 속도보다 빨라지면서 채권 금리의 역전 현상이 나타나게 되어 미 장단기 채권 스프레드는 '-'대로 진입하게 된다. 단기채는 시중에 돈의 회전율이 높다는 것을 의미하는데, 돈이 중장기 채권으로 흘러가면 돈의 회전율은 줄어들게 되어 경제의 자금 사정은 더욱 나빠진다는 것을 의미한다.

금리 인하를 할 수 있다는 기대로 주식 시장의 자금이 채권 시장으로 흐르고 단기 채권 시장보다 중장기 채권 시장에 돈이 묶이면 시중의 자금 사정은 불 보듯 뻔한 상황이 예상될 수밖에 없다. 안타깝게도 과거의 사례를 보면 이러한 현상이 나타나면 경기 침체를 향한 그 무엇인가가 나타나게 되어 6개월에서 1년 사이에 주식 시장을 폭락시키는 사건이 발생한다.

이때 중요한 투자 전략을 갖고 있어야 한다. 역전금리가 나타나는 구간에서 6개월에서 1년 후 나타나는 주식 시장 폭락 시기에 대한 투자 전략 말이다. 공격을 위한 방어 전략이 필요한 것이다.

미국의 장단기 채권 스프레드 그래프는 경기 침체 신호와 주식 시장의 모습을 보여준다. 회색 부분은 세계 경제 침체 기간이고, 빨간색 그래프는 미국 다우존스지수다.

| 미국의 장단기 채권 스프레드와 미국 주식 시장 |

출처 : https://fred.stlouisfed.org 참조

그래프에서 볼 수 있듯이 미국의 장단기 채권 금리가 역전되면 6개월에서 1년 후 경기 침체가 온다는 것을 과거 사례를 통해 볼 수 있다. 그러나 금리가 역전을 보여도 주식 시장도 같이 반응하는 것이 아니라 오히려 추가 상승하면서 때로는 활황 장세를 보여주기도 한다. 그 이유는 주식 시장에서도 자본의 이동 변화가 있기 때문이다. 시가총액 최상위 기업들 위주의 매수세가 몰리면서 주식 시장은 착시효과를 가지게 된다. 대형주가 상승하면 지수는 상승할 수밖에 없다. 하지만 그 이하 기업들의 주가 수익률은 저조하거나 나쁜 상황이 전개된다.

또한 이런 상황을 이해하고 기다린 투자자들은 주가 대폭락에서 주식을 헐값에 매수할 기회를 가지려고 할 것이다. 그래서 경험 있는 투자자들은 이 시기에 현금 비중에 관심을 가지는 것이지 단순히 두려워서 현금을 가지려고 하는 것이 아님을 알아야 한다. 이들은 이러한 경제 순환의 경험을 수차례 겪어보았기 때문에 다시 찾아온 기회를 놓치지 않으려고 할 것이다. 여기서 안타까운 점은 경기는 정점을 이루고 있는 상황에서 거대 자본의 이동이 시작되었다는 것이고, 시장은 이러한 상황에 대해 전혀 눈치를 못 채고 이해도 못 한다는 것이다. 향후 벌어질 최악의 상황을 시장은 모르는 채 시간만 흐르고 있다.

## 경기 과열에 따른 둔화 우려

이미 시장은 유동성이 줄어들었음에도 경기는 호황을 누린다. 각종 언론은 주식 시장의 기록을 연일 보도하며 기업들의 높은 실적 또한 보도된다. 개인 투자자들의 인플레이션 자산은 지속해서 상승세를 이루면서 가정이나 직장, 모임이나 커피숍 등에서도 상승한 자산에 대한 이야기로 넘쳐난다.

그리고 좀 더 욕심을 부리기 위해 공부하게 되고 각종 강의나 클럽이 언론에 보도되며 유명 강사들도 나와서 자신들의 투자 기법을 현란하게 소개하며 투자자들을 모집한다. 이들 전문가들이 주식 시장이든 부동산 시장이든 전국을 강타해 스타가 되는 경우가 발생한다.

특히, 한때 갭 투자 열풍이 일었던 적이 있는데, 유명 부동산 강사가 어느 지역이 유망하다고 하면 그 강의를 들은 수강생이 관광버스를 타고 원정 매수를 나서는 일도 있었다. 그 지역은 이들로 인해 갑자기 부동산 가격이 급등하고 주변 시세도 움직이기 시작했다. 서울 지역은 30

대 직장인들까지 부동산에 참여해 강남 지역을 넘어 서울 전역으로 열기가 확산되면서 서울 부동산 가격이 급등했다. 무리하게 부동산을 매수한 사람들은 비싸게 샀지만 가격이 하락해도 언젠가는 다시 오른다는 확신을 가지고 투자했다. 주식에도 존재하는 이러한 투자 심리가 바로 묻지마 투자다.

경기 과열 시기에는 상승에 대한 믿음이 매우 강하게 작용한다. 불안한 형국이 다가와도 현 상황에 대해 과소평가하고, 설령 힘든 시기가 오더라도 버티면 더 상승한다는 믿음을 강하게 갖는다. 하지만 이들의 희망과 달리 자산 가치의 하락은 공포를 느낄 정도로 급락하기 때문에 이들의 믿음을 보기 좋게 무너뜨린다. 버블은 사람들이 마치 풍선을 타고 하염없이 하늘로 올라가는 느낌을 가지게 하지만 풍선이 터지는 순간 추락하면서 공포와 두려움, 그리고 충돌을 느끼게 만든다.

## 원자재 가격 강세에서 약세로 전환

경기가 호황을 지속하고 있기 때문에 원자재 가격도 강세를 이어간다. 하지만 원자재 가격도 주식 시장의 모습과 거의 일치하는 모습을 보여주기 때문에 주식 시장의 하락은 원자재 시장에도 영향을 미친다. 정확히 말하면 원자재 시장이 주식 시장에 영향을 미친다고 보면 된다. 구리, 니켈, 원유 등 원자재는 경기 성장과 함께 가격이 상승했지만 경기과열에 대한 문제인식이 생기면서 이 역시 하락 국면을 마주하게 된다.

반면 물건 가격은 상승세가 이어지고, 특히 생필품을 중심으로 크게 상승한다. 비싼 제품들의 가격 상승률보다 생필품의 가격 상승률이 높아지는 현상을 볼 수 있다. 경기 성장기나 확장기에는 모든 물건 가격이 상승하지만 경기의 정점 전후로 생필품 물가만 상승하는 현상을 보인다. 이들 기업들은 경기 정점 이후 갑자기 서둘러서 생필품 가격을 인상하는 경우가 많다. 아무래도 경기 침체나 둔화가 오면 이러한 생필품 가격을 인상하는 게 무리라고 판단해 경기 정점을 전후로 서둘러 생필품 가격을 인상하는 듯하다. 경기는 둔화를 보이는데 생필품 가격은 인상하는 스테그플레이션과 같은 모습을 이 시기에 같이 보여준다. 그만큼 경기 정점 후 언제 다가올지 모르는 경기 침체를 대비하는 모습이라고 볼 수 있다.

원자재 공급자들도 공급 물량에 조정을 가하기 시작한다. 소비가 최대치에서 더 이상 성장하지 못하거나 미국의 장단기 채권의 움직임 등을 고려해 재고 관리에 들어가는 것이다. 이것은 향후 경기가 급락해 중앙은행이 통화량을 갑자기 공급하게 될 때 물가가 상승하는 요인으로 작용하게 된다. 갑작스럽게 구매가 늘어나면서 공급과 수요가 맞지 않을 때 물가는 비정상적인 상승을 하게 된다.


## 급등주, 테마주, 우선주가 극성

이 시기에는 시중에 돈이 부족할 수 있으나 갈 곳 없는 돈도 많다. 주식 시장에서 일부 빠져 나온 돈이나 부동산 투자로 이익 실현한 돈 등이 그러하다. 주식 시장은 대형주의 상승 탄력이 떨어지고 아직 경기는 침체된 것이 아니기 때문에 시중에 넘치는 돈들은 이슈를 찾아 간다. 그래서 주식 시장은 급등주나 테마주, 그리고 우선주가 그 먹잇감이 되어 투자 자금이 몰린다. 이 시기 장세에서의 특징은 어느 업종보다 어느 기업에 초점이 맞추어진다는 것이다. 경기 성장기에 기관 투자자 그룹이 업종에 초점을 맞췄다면 경기 정점기에는 개별 기업들의 상승세가 강하게 나타나는 경향이 있다. 그 이유는 개인 투자자들에 의한 주가 상승 경향이 강하기 때문이다.

이 시기에는 개인 투자자 그룹이 주식을 높은 가격에 매매한 시기라서 누구는 손실을 보고 있거나 누구는 운이 좋아 높은 수익을 보는 경우도 있다. 그럼에도 불구하고 문제는 개인 투자자들의 시장 참여가 매우 높아지는 시기라는 것이다. 자신의 실력으로 투자 수익이 높은 것으로 착각하고 본격적으로 시장에 참여하게 되기 때문이다. 차트와 관련해서 공부하고 재무제표에 대해서도 공부하고 전문가 조언을 듣고 각종 언론에 귀를 기울이지만 안타깝게도 투자 수익률은 그전과는 다른 양상을 보인다.

참고로 개인 투자자 그룹이 좋아하는 차트 분석이나 재무제표 분석이 맞는 경우는 두 가지밖에 없다. 경기가 성장하고 있을 때와 그리고 경기가 침체되었을 때다. 필자도 몇 십 년간 주식 시장에 참여하고 있지만 차트 분석과 재무제표 분석으로 돈을 번 사람이 있다고 들어본 적이 없다. 필자 또한 기술적 분석에 관한 책을 과거에 집필했지만 이들 기술적 분석은 경기가 성장하거나 침체할 때 맞기 때문에 경기가 정점을 지나는 경우는 전혀 안 맞고, 이것들을 가지고 공부한 투자자들은 이해가 되지 않아서 전문가를 찾게 된다. 그러나 이러한 혼란한 장세에서 기술적 분석으로 투자 수익을 알려줄 수 있는 사람은 없다는 것을 빨리 깨우쳐야 한다. 그렇지 않으면 수많은 증권 사기꾼들에게 당신의 소중한 돈을 뺏길지도 모른다. 이 시기에는 자기를 과신하지 말고 거시 경제가 어떻게 흘러가는지 집중해서 공부해야 하며, 다음 경기 순환의 자본 이동에서 기회를 잡아야 한다.

## 각종 금융상품 가입의 증가

이 시기에 금융기관들은 평소보다 많은 다양한 상품들을 출시하고 투자자들에게 권유한다. 그 이유는 자산 가격이 많이 올라와 있고, 금리는 매력이 없고, 금리보다 높으면서 덜 위험한 금융상품을 투자자들이 찾기 때문에 고객의 니즈에 맞는 상품을 출시하게 된다. 금융기관도 이 시기에 금융상품을 많이 팔 수 있다는 것을 잘 안다. 왜냐하면 고객의 니즈와 더불어 자산 가치가 상승하는 분위기이므로 고객에게 상품 권유가 어느 시기보다 잘되기 때문에 금융 기관들은 이 시기를 절대로 놓칠 수 없다. 이러한 이유로 금융기관은 연말 사상 최대 실적을 발표하고, 막대한 인센티브가 직원들에게 주어진다.

그런데 문제는 몇 년 후에 일어난다. 문제의 핵심은 몇 년 전 투자한 상품에서 손실이 크게 나기 때문이다. 지난 2008년도 펀드 손실, 2013년도 ELS 손실, 2019년도 라○자산운용 사태와 DLS 사건 등이 대표적인 예다. 가입 시점에는 문제가 전혀 없었고, 당시 너도나도 가입하고 싶어 했던 상품들이다. 2019년도 DLS 사태는 투자자들로서도 전혀 손실이 날 수 없다고 생각했던 상품이다. 독일 채권 수익률이 마이너스가 되지 않는 한 투자자들에게 중수익이 돌아갈 수 있는 상품이었기 때문이다. 그러나 만기가 도래되기 전 독일 채권의 수익률이 마이너스가 나면서 투자자들의 돈은 100% 손실로 잡히는 사건이 일어난 것이다.

일반적으로 채권 수익률은 마이너스가 날 수는 없지만 유럽의 제로금리 상황에서 각국 시중 은행들이 중앙은행에 돈을 예치하면서 각국 중앙은행은 마이너스 금리를 취하게 된다. 하지만 시중의 돈은 채권 가격 차이로 수익을 내기 때문에 아무리 독일 기준금리가 마이너스라고 해도 시중의 막대한 유동성 자금이 독일 채권을 계속해서 매입해 결국 독일 채권 수익률은 마이너스를 유지하게 되었다(마이너스라는 것은 채권의 기준 가격 이상으로 가격이 올랐다는 것을 의미). 이런 독일 채권에 투자한 파생상품인 DLS에 투자한 투자자들은 원금을 모두 날리는 상황을 맞이하게 되었다. 재정적으로 가장 안전한 나라인 독일 채권에서 이런 일이 일어났으니 투자자들은 도무지 이해할 수 없었다. 당시 은행으로부터 가입한 평균 자금이 3억 원 정도였다고 하며, 주 고객층이 고령층이었다고 하니 안타까울 수밖에 없다.

뿐만 아니라 라○자산운용사의 사모펀드 사태도 어처구니 없는 사건이 아닐 수 없다. 2조 원에 가까운 사모펀드 자금을 운영한 자산운용사가 고객이 가입한 펀드의 환매를 못 하게 하는 조치로 사회적 이슈가 되었다. 사실 펀드는 고객이 원할 시 언제든지 환매가 가능하다. 그런데 자산운용사에서 환매를 못 하게 조치를 취한다는 것은 말이 안 되는 것이다. 자산운용사가 환매를 못 하게 막은 이유는 갑작스럽게 많은 자금이 환매 요청이 들어와서 어쩔 수 없이 취한 조치였다. 펀드는 설정 금액이 줄어들면 운영에 어려움이 있다. 하물며 자본이 급격하게 줄면 펀드 운영이 사실상 어렵게 된다. 그래서 조치를 취했다고는 하나 문제는 운영상 문제가 있다고 판단한 자산운용사에 자본을 빌려준 증권사들에 의해서 이루어졌다.

당시 증권사들은 라○자산운용사에 돈을 빌려주기도 했으며 펀드에도 가입한 것으로 알려져 있다. 라○자산운용사가 운용한 사모펀드는 메자닌 펀드다. 기업이 자금 조달을 목적으로 발행한 CB(전환사채)나 BW(신주인수권부사채) 등에 투자한 펀드로서 이 회사채들이 만기가 돌아올 때 원금과 이자를 돌려받거나 만기 시 주식 가격이 발행 시 가격보다 높다면 이를 전환하거나 추가로 매수해 수익을 극대화할 수 있게 설계되어 있다. 또한 매력적인 것은 일부 펀드들은 발행 시 가격보다 대폭 할인한 가격으로 설정해 추가 이익까지 얻을 수 있게 해 많은 고액 자산가들이 너도나도 가입했다고 한다.

자, 그러면 주식 가격이 떨어져도 원금과 이자를 돌려받을 수 있기 때문에 전혀 문제가 되지 않는 펀드인데 무엇이 문제가 되어 증권사들을 비롯한 투자자들은 환매를 요청한 것일까? 바로 기업의 실적이 의심스럽다고 판단한 것이다. 경기가 정점에서 침체로 갈 확률이 높은 상황이었고, 이로 인해 기업들은 실적이 좋아지지 않고 오히려 더 나빠졌기 때문에 투자자들은 이자는커녕 원금도 못 받을 수 있다고 판단해 환매 요청을 한 것이다. 그리고 정부에서 라○자산운용사의 펀드 운영 실태 조사와 회사 사정을 파악한 결과 회사와 펀드 운영을 방만하게 한 사실이 드러났고, 그 회사의 임원은 배임회령까지 하면서 도피했다. 결국 이 사모펀드에 투자한 투자자들 역시 DLS와 같이 막대한 손실을 보게 되었다.

그렇다면 이런 일이 왜 매번 일어날까? 왜 계속해서 투자자들은 손해를 볼 수밖에 없을까? 이유는 아주 간단하다. 자산 가격이 많이 올라와 있고, 금리보다 높으면서 덜 위험한 금융상품을 투자자들이 찾았고, 이 상품들이 경기 정점 전후에서 출시되었기 때문이다. 문제는 아무리 좋은 금융상품이라도 경기가 고점인 상태에서 나온 상품이기 때문에 이 역시 고점일 확률이 높다는 것이다. 결국 경기 침체가 오면 인플레이션을 추종한 자산들은 하락할 수밖에 없기 때문에 이 시기에 가입한 금융상품은 시간이 지나면서 손실을 볼 확률이 커지게 된다.

## 안전 자산을 선호하기 시작

경기가 정점에서 주식 시장의 상승세가 한계치를 보이면 투자자들은 시장에 대한 의심을 가지게 된다. 그 의심으로 주식 시장과 같은 자산보다는 금과 같은 자산으로 관심을 돌리게 된다. 금이 안전 자산이기 때문에 변화를 주는 것도 있지만 주식 시장이 향후 변동성이 크면 시세 분출이 그전만 못할 것이라는 심리가 깔려 있기 때문이다. 그러다 보니 주식을 대체하는 채권이나 달러, 그리고 금을 찾게 되는 것이다. 이것들은 흔히 '안전 자산'이라고 불리는데 정말 안전 자산일까?

필자는 이들 자산이 결코 안전 자산이라고 할 수 없다고 본다. 왜냐하면 주식 시장이 급격하게 떨어지면 달러는 강한 상승을 보이고, 반대로 주식 시장이 상승하면 달러 가격은 하락한다. 이런 것을 보면 달러 또한 위험스러울 수 있다. 우리가 위험 자산이라고 일컫는 주식이지만, 달러는 주식 시장을 대체하는 다른 자산이지 안전 자산이라고 불릴 수는 없다고 본다.

금도 마찬가지다. 안전 자산은 가격의 변동성이 적어야 한다. 그런데 금도 주식을 대체하다 보니 그 변동성이 매우 크다. 경기 침체 기간이거나 주식 시장이 불안하다고 느낄 때 사람들은 금을 찾지 그 이외 시기에는 금에 대해 관심도 안 가진다. 금에 대한 투자 관점에서 보면 과거와는 달리 달러의 통화량이 매우 많고, 금리가 낮은 상황에서는 달러의 가치보다는 금의 가치가 클 수밖에 없다. 단순히 금에 대한 자산 가치를 봤을 때 금의 가격 흐름을 보면 과거보다는 저점을 높여가고 있는 것이 사실이지만 금은 초중장기 투자를 하는 자산이다.

경기가 고점에서 하락하는 상황이 되면 투자자들은 주식 시장의 변동성에 대한 불안감을 가지게 되고, 그동안 주식보다 낮은 가격을 형성하고 있었던 채권, 금, 달러로 자본이 흐르게 된다. 그러나 이들 자산을 오래 가지고 갈 자산 증식용으로 보기는 어렵다. 흥미로운 것은 이 시기에 주식, 금, 채권, 현금으로 자산을 배분하는 것이 인기를 끌게 된다. 그런데 이런 자산 배분은 자산 증식의 속도를 줄이는 효과를 가지고 있다. 단순히 심리적인 안정을 위한 자산 배분일 뿐이다. 차라리 긴 시간으로 보면 주식과 부동산만으로 구성하는 자산 배분이 자산 증가 속도를 높여줄 수 있다는 사실은 이미 증명되었다. 왜냐하면 이들은 인플레이션 자산이기 때문이다.

## 환율 강세 및 각국의 환율 약세 전환

이 시기에는 각국의 주식 시장의 하락으로 환율은 상승세를 보이기 시작한다. 좀 더 정확히 말하면 거대한 자본은 경기가 안 좋을 것을 대비해 그동안의 이익 실현을 하게 된다. 그렇게 되면 주식 시장은 하락하게 되고 그렇게 생긴 현금은 달러로 환전되면서 환율 강세, 즉 달러 강세가 이루어지게 된다. 경기가 안 좋아질 것으로 판단되면 투자자들은 가지고 있던 주식을 일부 처분해 환전하면서 각국의 화폐 가치는 떨어지고 달러 가치는 상승세를 이루는 모습을 서서히 나타낸다.

이때 달러로 환전한 일부 자금은 미국 주식 시장으로 흘러들어가게 된다. 아직 시장은 경기 침체를 맞이하지 않았기 때문에 미국 주식 중 시가총액 상위 기업들에 투자하게 된다. 세계 자금이 이와 같은 형태로 미국 주식 시장으로 흘러들어가면서 세계 증시는 다시 좋아지는 모습을 보인다.

미국 주식 시장이 좋다 보니 각국의 주식 시장도 변동성은 있지만, 미국 주식 시장과 동조화 현상이 나타나면서 경기가 불안한 느낌에도 불구하고 대형주 중심으로 하락폭을 줄이기 위해 노력하는 모습이 연출되는 것이 이 시기의 특징이기도 하다. 하지만 미국 주식 시장 중 시가총액 최상위 기업들 중심으로 주식 시장은 상승세를 유지할 것이며, 나머지 미국 기업들과 각국의 상황은 그리 좋지 않게 된다.

# 폭풍 전야

미국의 장기 채권 수익률의 갑작스런 하락, 그리고 금리 인상으로 더 이상 투자를 하지 못하고 금리 인하가 시작되면서 은행에 잠자고 있던 풍부한 유동성 자금이 주식 시장에 적극적으로 참여하고, 소비 활동의 적극성으로 기업의 매출 상승, 그동안 풀렸던 각국의 중앙은행의 통화량의 회수 등 좋은 것들과 나쁜 것들이 복합적으로 혼합되면서 주식 시장의 폭락은 점차 다가온다.

그러나 시장은 그동안의 상승보다 좀 더 상승세를 이어가며 전 고점을 갈아 치울 정도로 주식 시장의 참여자는 더욱 많아진다. 주식 시장의 변동성이 커지면서 달러와 같은 현금 자산에 돈이 몰리기도 한다. 아무래도 변동성에 대한 투자 전략을 취하기 때문에 달러에 대한 수요는 증가할 수밖에 없다.

주식 시장은 상승세를 이어가고 채권 시장도 채권 수익률이 낮아지는 현상이 일어나며, 부동산 시장은 건설사들의 막판 분양도 이루어지면서 부동산 참여자들을 계속 떠나지 못하게 붙잡고, 일부 투자자들의 현금 비중 확보로 달러에 대한 수요도 늘어난다. 그리고 마지막으로 그동안 관심을 안 가졌던 금 시세도 오르기 시작하면서 대부분의 자산들은 상승세를 이어간다. 앞으로 다가올 위험에 대해 이해는 하지만 그 위험에 대한 인식이 점차 무뎌지면서 이 시간은 흐르게 된다.

‘블랙 스완’과 ‘회색 코뿔소’라는 경제 용어가 있다. ‘블랙 스완’은 전혀 예상치 못한 상황이 발생했을 때를 표현한 것이고, 앞서 잠깐 설명했듯이 ‘회색 코뿔소’는 거대한 코뿔소가 나에게로 달려오고 있는데 무엇을 어떻게 해야 할지 모르는 상황일 수도 있고, 마치 점점 안개가 생기면서 한 치 앞을 못 보는 상황을 비유한 것이다. 이 시기에는 경기 침체에 대한 '회색 코뿔소'가 보이고, 그리고 전혀 생각하지 못한 것에서 갑작스럽게 발생하는 '블랙 스완'도 상존한다.

저 멀리 거대한 해일이 오면서 해변은 점차 바닷가 쪽으로 밀려가지만 너무 멀리 있어서 보이지 않고 아주 서서히 빠져나가기 때문에 우리는 알지만 눈치를 채지 못한다.

하지만 저 멀리서 다가오는 해일은 점점 거대해지기 시작한다. 그리고 갑작스럽게 해변에서 바닷물이 썰물처럼 빠져나갈 때 우리는 도망치지 않고 그냥 서서 당황스러워하며 우리에게 덮치는 거대한 해일을 그저 바라만 보게 될 것이다.

경기가 고점을 지나 불안한 시기에 아무래도 현금 비중이 많은 기업들 중심으로 주식 투자는 이루어진다. 그동안 중견기업이나 중소기업들도 업종에 상관없이 상승했다면 경기가 불안해지면 이들 기업은 현금 비중도 적고, 대기업으로부터 주문을 받기 때문에 대기업들이 주문량을 줄이면 매출에 타격을 입을 수밖에 없다. 그래서 이들 기업에 투자했다면 시가총액 최상위 기업들로 재편하는 것이 앞으로 어떻게 변할지 모르는 장세에 대응할 수 있다.

그리고 일부 주식 비중을 줄이고 현금 비중을 늘릴 필요가 있다. 이 현금은 경기가 갑자기 나빠질 때, 즉 주식 시장이 연일 급락할 때 좋은 기업의 주식을 낮은 가격에 매입할 수 있는 재원이 되기 때문이다. 사람들은 이러한 상황이 지나고 나면 그때가 바닥이었구나 하고 판단한다. 그러나 그 기회를 누군가는 가지고, 또 누군가는 놓친다. 만약 당신이 그때 현금이 있다면 어떻게 하겠는가?

이외 달러 자산이나 채권에 투자하는 경우도 있고, 금에도 투자하는 경우도 있다. 이들은 주식 투자를 대체하는 자산이지 지속적으로 상승하는 자산이 아니기 때문에 적절한 시기에 다시 주식 투자로 돌아오게 된다.

마지막으로 이때는 가장 안전하다고 생각되는 미국 주식 시장으로 돈이 몰려간다. 각국의 화폐는 달러로 환전되어 달러 상승세를 맞이하며 해당 달러 자금은 미국 주식 시장으로 흘러들어간다. 미국 시장 역시 시가총액 최상위 기업들에 자금이 몰리고, 미국 주식 시장은 경기가 불안함에도 불구하고 계속 상승세를 유지한다. 하지만 최상위 기업들을 제외하고 나머지 기업들의 주가는 점차 하락세를 보인다. 결국 경기가 불안하면 돈은 제한된 곳으로 몰리게 된다. 이것은 부동산에서도 나타나는 현상이지만, 부동산은 유동성이 좋지 않아 주식 시장 만큼 빠르게 움직이지 못한다.

# 4단계
# 경기 붕괴 - 다시 시작되는 투자 시계

버블 붕괴 현실화(블랙 스완)
미국 기준금리의 급격한 인하
미국 연준의 양적 완화 정책 재가동
급격한 환율 변동성
원자재 가격 및 유가 변동성 심화
미국 장단기 채권 스프레드의 '+' 전환 준비
주식 투자 전략 - 자산 버블 붕괴로 최저가 매수 기회
제2차 버블 그리고 자산 사이클의 새로운 시작

## 버블 붕괴 현실화(블랙 스완)

경기 순환에서 정점을 지나면 경기 침체에 대한 두려움이 시장에 투영되기 시작한다. 어떤 이유인지는 모르지만 경기 침체에 대한 명분을 찾아가는 모습을 보이면서 각종 뉴스에 시장은 귀를 기울이기 시작한

다. 실제로 이러한 시기에는 여러 가지 문제가 발생하기 시작한다. 아무래도 시중에 통화량이 줄어들며 자국의 경제를 우선으로 한 정책들이 나오고, 이로 인해 나라와 나라 간의 대립이 이루어질 수 있다. 뿐만 아니라 기업들도 이 시기에 금리의 지속적인 인상에 따른 금융 비용 문제와 가계 소비 감소가 이루어질 수 있다는 우려로 매출에 신경 쓰게 되면서 여러 가지 조치를 취한다. 이처럼 시장은 점점 경기 둔화에 대해 확정짓는 모습을 보이고, 경제 뉴스 또한 연일 주식의 변동성처럼 좋은 뉴스, 나쁜 뉴스를 번갈아가며 투자자들에게 불안감을 조성한다. 이러한 상황은 그야말로 '회색 코뿔소'라고 표현할 수 있다. 거대한 코뿔소가 나에게로 달려오고 있는데 무엇을 어떻게 해야 할지 모르는 상황으로 한치 앞을 못 보는 상황을 비유한 것이다.

하지만 주식 시장은 마지막 피날레를 향해 간다. 시중의 자금은 앞으로 경기 둔화에 대비해 시가총액 상위 기업으로 이동한다. 그렇게 되면 주식 시장을 나타내는 지수는 상승세를 유지하게 되며 시중의 자금이 상대적으로 안전하다고 보는 시가총액 기업들로 자금이 몰리고, 지수는 계속해서 상승세를 보여준다. 이 시기에 주식 시장은 호황을 누리는 모습을 연출하지만 기분 좋은 상황은 아니다. 시가총액 상위 기업들의 주가 상승과는 달리 나머지 기업들은 주가 하락세가 지속되지만 지수를 끌어내리기에는 이들 기업의 힘이 약하기 때문에 주식 시장에는 착시 효과가 나타나게 된다. 어느덧 개인 투자자들의 시장 참여는 높아지고, 너도나도 주식에 대한 관심을 더 가지게 된다. 신뢰도가 높은 시가총액 기업들의 주가가 상승하면서 시장에 대한 평가도 긍정적으로 변화한다.

하지만 통화량의 감소로 인한 주식 시장의 유동성은 줄어든 상태이고, 금리는 이미 높은 상태이기 때문에 소비 감소로 인한 기업들의 매출 감소는 이미 이어지고 있는지도 모른다. 그래서 앞으로 언제 닥칠지 모르는 위기는 어쩌면 당연한 것인지도 모른다.

이제 그 위기는 '블랙 스완'으로 다가온다. 전혀 뜻밖인 것에서 경제는 타격을 받기 시작하고, 주식 시장은 연일 폭락한다. 개인 투자자들이 정신을 못 차릴 정도로 바닥을 모르고, 한순간에 폭락하는 것이다.

그리고 이들이 정신을 차리게 될 때는 이미 증시는 순식간에 반 토막 이상으로 대폭락한 상태로 변해 있다. 여기서 기관 투자자뿐만 아니라 개인 투자자들까지 결정을 내리게 된다. 앞으로 경기 침체는 확실하기 때문에 더 이상 주식을 가지고 갈 수 없다는 판단을 하게 되고, 이와 더불어 더 하락하면 다시 매수해 손실을 줄여보자는 투자 전략을 쓰게 된다. 기관의 프로그램 매매도 주식 시장의 대폭락으로 물량을 대량으로 쏟아내면서 추가적인 폭락을 야기시킨다. 결국 크나큰 손실을 보며 자신들이 가지고 있던 주식을 매도하게 된다. 하지만 이들의 매도 전략이 패착이라는 것을 알게 되는 데 그리 오래 걸리지 않는다. 주식 시장은 새로운 매수세에 의해 급반등하기 시작한다. 이때가 바로 전혀 새로운 세상이 열리는 분기점이 된다.

바로 유동성 장세의 서막이 열리는 시점이다!

## 미국 기준금리의 급격한 인하

미국의 기준금리는 주식 시장의 대폭락으로 인하를 급진적으로 단행하게 된다. 주식 시장은 기업들이 모여 있는 곳이고 이들은 경제 주체이기도 하다. 이 시기에 주식 시장이 급락했다는 것은 투자자들이 경제에 대해 불확실성을 가지고 있다는 것으로 해석할 수 있다.

경제는 갑작스러운 사건에 의해 잠재되어 있는 모든 문제가 한꺼번에 쏟아져 나오면서 주식 시장은 패닉 상태에 놓이게 된다. 미국 연준과 같은 각국의 중앙은행은 일단 기업들의 비용 문제를 해결해주기 위해 기준금리를 가파르게 하락시켜 현재 기업들이 어려운 문제를 풀 수 있게 도와준다. 미국의 기준금리를 급격하게 인하하는 것은 그만큼 경제가 안 좋다는 것을 의미한다. 과거 리먼브라더스 사태 때도 코로나19 사태 때도 각국의 중앙은행은 앞으로 닥칠 경제 위기에 금리 인하를 통한 적극적 방어 정책을 펼쳤다.

그러나 주식 시장은 금리 인하에도 불구하고 공포 심리가 작용하면서 바닥을 모르는 대폭락을 매일매일 하게 된다. 외국인들은 연일 주식을 매도하고 개인 투자자들의 자금을 운용하는 기관 투자자들도 매도에 같이 합류하면서 주식 시장은 매도자들에 의해 계속 하락하게 된다. 이때 온갖 예측이 각종 언론과 주변에서 난무하면서 개인 투자자들은 이러한 상황을 벗어나기 위해 막대한 손실을 감수하면서까지 주식을 매도한다.

이렇게 너도나도 매도를 하면서 주식 시장은 어느덧 바닥을 드러내게 되고, 새로운 투자자들이 들어오기 시작한다. 이들은 지금부터 막대한 돈을 가지고 헐값에 주식을 쓸어 담기 시작한다. 바로 이 돈이 중앙은행이 시중에 푸는 양적 완화다. 급격한 금리 인하와 양적 완화는 붕괴된 시장을 일단 일으켜 세우며 경기를 다시 회복시키는 데 시간을 벌게 된다. 이러한 중앙은행의 정책은 자산 시장으로 돈이 빠르게 유입되면서 자산 가격의 급등을 예고하게 된다.

## 미국 연준의 양적 완화 정책 재가동

미국을 비롯한 각국은 급격한 경제 침체를 막기 위해 급격한 금리 인하와 함께 통화량을 늘리는 정책을 펼친다. 평소와 다른 경제 상황을 감안해 막대한 자금을 시중에 푸는 행동을 취함으로써 경제 급락에 브레이크를 걸게 된다. 정부는 중앙은행의 이러한 양적 완화 정책과 더불어 신속한 재정 정책을 펼치면서 주식 시장의 투자 심리를 안정시키고 기업들과 가계의 급박한 재정 상황을 진정시킨다. 이런 통화량 정책은 중앙은행에서 시중 은행으로 그리고 기업과 가계로 흘러들어가게 되어 경기 침체에 따른 방어를 할 수 있게 된다. 이 중 일부의 자금은 투자 시장으로 흘러들어가 주식 시장과 같이 급락 후 반등을 할 수 있는 자금으로 이용되어 급한 불을 끄는 역할을 하게 된다.

2008년 미국발 금융 위기로 각국 정부와 중앙은행은 헬리콥터 머니라고 해서 하늘에서 돈을 뿌리는 것처럼 많이 풀었다. 그리고 2020년 코로나19가 전 세계를 강타했을 때 각국 정부와 중앙은행은 헬리콥터 머니를 넘어 무제한 공급을 했다. 기준금리는 제로이면서 대출은 무제한으로 해주었던 것이다. 당시 독일의 메르켈 총리는 세계3차 대전이 일어났다고 할 정도 코로나19 사태를 매우 심각하게 받아들이고, 세계에 호소했다.

　우리가 여기서 알아야 할 것은 기업들은 이 시기에 체질 개선에 나선다는 것이다. 지난 경기의 한계가 갑작스러운 붕괴로 왔기 때문에 새로운 성장 동력에 대한 과감함 투자가 일어난다. 돈을 푸는 중앙은행과 정부의 적극적인 부양 정책은 경제를 지속적으로 성장시켜야 하기 때문에 새로운 성장 동력에 더욱 관심을 가지게 된다. 이 시기에 새로운 산업의 성장이 폭발적으로 일어나게 되어 해당 산업이나 업종은 막대한 주가 상승을 한다. 코로나 시기에 스마트카와 2차 전지, 그리고 AI 산업으로 돈이 흘러들어가면서 주가가 급등했다. 그뿐만 아니라 이 시기에 시중에 돈이 많이 풀리면서 기업들은 공모에 집중하게 된다. 이 시기가 지나가면 시중의 돈은 줄어들어 원활한 공모를 할 수 없게 되기 때문이다. 그래서 이 시기에는 너도나도 어떤 형태로든 자금 유치에 나선다. 때로는 시장에서 직접 조달하는 경우도 있다. 주가를 부양해 상승한 주식을 가지고 여러 가지 자금 조달을 할 수 있기 때문이다. 주가 상승뿐만 아니라 이 시기 기업들의 자금 조달은 매우 호기로 작용하게 된다.

　시중의 돈은 당장 힘든 기업들과 개인에게도 흘러가 급한 불을 끈다. 그리고 마지막으로 시중의 돈은 자산 시장으로 급속도로 흘러들어가 자산 시장을 다시 일으켜 세우게 된다. 자산 시장으로 흘러들어간 돈은 해당 자산 시장의 급등을 가져오는데, 정부나 중앙은행은 이러한 상황을 암묵적으로 허용한다. 왜냐하면 경기가 붕괴되었기 때문에 자칫 소비가 급락할 수 있어서다. 비정상적인 자산 시장의 상승이라도 당장 소비 심리를 유지해야 하기 때문에 정부는 기대 심리 효과를 이용하게 된다. 앞으로 기업들은 이 시기에 막대한 자금으로 체질 개선과 효율성을 높이게 되고, 풍부한 유동성 자금은 세계 경제에 잠시나마 활력을 가져와 굉장히 어려운 상황을 잘 헤쳐나가게 된다.

이 시기에 경제와 산업은 새로운 도약을 맞이하게 되어 세상은 다시금 혁명을 맞이하게 된다.

## 급격한 환율 변동성

세계 경제가 급락하면서 주식 자산을 매도하려는 투자자들이 매우 많기 때문에 그들은 주식 자산을 매도하고 이를 현금화하려고 한다. 특히 자국의 현금으로 비중을 확대하는 것보다 달러로 환전해 보유하려는 모습을 보이기 때문에 달러 상승을 가져온다. 자국의 환율은 급락하고 반면 달러 수요에 따른 가치는 크게 상승한다.

돈은 수익률을 쫓아가기도 하지만 손해를 보지 않기 위해 안정성을 추구하는 속성이 있으므로, 이 시기에는 변동성이 심한 주식 자산보다는 일단 현금을 확보한다. 그렇다고 달러나 현금이 안전 자산이라고 볼 수는 없다. 현금을 보유한다는 것은 그 자체가 아무런 경제 활동을 하지 않기 때문에 자산이라고 볼 수 없지만 변동성이 심하고 경제가 안 좋을 때는 손실을 보지 않는 것이 수익을 내는 것과 같기 때문에 안전하다고 보는 것이다.

참고로 현금 자산만을 보유하는 것은 물가 상승과 같은 인플레이션을 고려할 때 수익성이 하락하기 때문에 안전 자산이 아니라 중장기적으로 보면 위험 자산이 된다. 경기가 급락하는 시기에 현금과 같은 수요는 첫 번째는 손실을 방어하는 수단이고, 두 번째는 현금을 달러로 교환해 보유할 때는 환차익이 발생하는 수익성이 좋은 안전 자산이 된다.

그러나 유동성 장세가 시작되면서 다시 돈은 각국으로 흘러들어가면서 달러 약세로의 전환을 맞이하게 된다. 이 시기에 각국은 통화 스와프를 맺으면서 환율 방어에 촉각을 세우게 된다. 미국과의 통화 스와프는 매우 좋은 것으로 달러 유출을 막기 위해 각국은 미국, 세계은행, IMF와의 관계를 중시한다. 이런 상황에서 환 투기로 수익을 내기도 한다.

## 원자재 가격 및 유가 변동성 심화

원자재는 수요가 공급보다 많을 때 가격 상승을 보인다. 그러나 경기가 침체 국면에 들어서면 원자재 가격은 하락할 수 밖에 없다. 대표적인 원자재 가격 중 산업 전반에 사용되는 구리와 가계 소비를 짐작할 수 있는 니켈의 가격은 하락세를 보인다. 뿐만 아니라 석유도 구리와 니켈과 같이 가격 하락에서 예외일 수 없다. 석유는 다른 원자재에 비해 각국의 정치적, 경제적, 지리적 상황에 더욱 혼란을 가중하게 되어 가격 변동성이 크게 나타나는 경향이 있다.

2020년 전 세계를 강타한 코로나19에 세계 경제는 몇 개월간 셧다운을 했다. 그로 인해 석유는 공급이 수요보다 월등히 넘쳐났고 심지어 이미 시추한 석유를 저장할 공간이 없어서 유조선이 해상에 그대로 정박하는 경우도 있었을 만큼 이미 시추한 석유의 소비가 안 되어 석유 가격은 역사상 있을 수 없는 배럴당 '-' 가격을 보인다. 상상을 초월하는 상황이 발생한 것이다.

산유국 중심의 OPEC도 막대한 감산(減産)을 결정했지만 석유 가격 안정에 별 영향을 주지 못했고, 오히려 시장에 실망을 주어 석유 가격은 급락을 이어갔다. 산유국들은 석유 시추를 멈출 수 없다. 산유국의 경제는 석유 판매의 경제이기 때문에 잠시나마 석유 시추를 멈추면 이에 들어가는 경제적 손실은 막대하다. 그럼에도 불구하고 당시 산유국들은 큰 결단을 내렸다. 하지만 가장 근본적인 경제의 셧다운이 지속되면서 결국 배럴당 '-'를 형성하게 되었던 것이다.

이처럼 원자재도 경기에 가장 크게 영향을 받기 때문에 주식 시장과 연동해 움직인다. 그러나 이 시기에 원자재 투자는 섣부르게 판단해 투자하면 손해가 평소보다 더 크게 나타나기 때문에 원자재 투자에는 특히 유의해야 한다.


유동성이 풍부해지면 원자재 가격도 다시 상승을 할 수밖에 없다. 유동성 장세에서 원자재 가격은 경제적 상황에 의한 가격 변동보다 더 심한 가격 변동을 가지고 오게 된다. 원자재 판매국들은 경기가 고점일 때 재고를 어느 정도 조절하고 있었는데, 갑작스러운 유동성으로 구매자들이 일시적으로 몰리면서 원자재 가격은 비정상적으로 상승하는 모습을 보인다. 그리고 이를 기회로 여기는 자원국들은 물량 조절을 통해 막대한 이익을 취한다. 이러한 가격 급등으로 물가 또한 급등하게 되고, 이 모든 것들은 판매가로 전이되면서 소비자들은 갑작스럽게 높은 물가를 경험하게 된다. 이것은 임금 상승을 부추겨 물가를 더욱 상승시킨다.

이러한 물가 상승은 미국 연준을 비롯한 각국의 중앙은행에게는 골칫거리로 작용해, 금리 인하와 양적 완화의 부작용을 막기 위한 정책 전환을 예고하게 된다. 금리 인상으로의 정책 변화와 양적 완화 종료로 인한 유동성 공급 종료가 대기하게 된다. 이것은 매수를 더 이상 못하게 하는 것으로 향후 자산 시장의 거품을 끄는 예고편이 된다.

## 미국 장단기 채권 스프레드의 '+' 전환 준비

이 시기에는 미국의 장단기 채권 스프레드가 '0'이거나 '-'를 유지하다가 '+'로 전환 준비를 맞이한다. 왜냐하면 고물가와 자산 시장의 거품이 형성되어 기준금리를 높게 책정하게 되는데, 이 고금리 정책은 경기를 어렵게 하는 정책이기 때문에 이로 인한 피로감이 경기 하락으로 이어진다.

미국의 장단기 채권 스프레드가 '+'로 전환하는 것은 단기 채권 금리가 급격하게 낮아지면서 장기 채권 금리보다 갑작스럽게 낮아지는 현상이다. 그동안은 장기 채권 가격 상승에 따른 채권 금리가 낮아지는 모습을 보이다가 외부적인 요인에 의해 갑작스럽게 경기 침체가 예상되면서 미국 연준의 기준금리가 전격 인하되면서 미국 장단기 채권 금리의 격차, 즉 스프레드도 다시 '+'로 전환되는 것을 말한다.

미국 장단기 채권 스프레드를 정리하면 '+'에서 '0'으로 점진적으로 하락하는 것은 경기가 좋다는 것이지만 '0'에 가까울수록 경기 정점에 대한 불안감이 작용하면서 '-'로 변하게 된다. 그리고 경기는 외부적인 요인으로 급하게 내려간 경기를 살려야 하는 상황에서 '+'로 나타나게 된다. 미국 장단기 채권 스프레드의 '+' 전환 후 계속적인 '+'의 확대는 경기 침체가 본격적으로 온다는 것을 의미한다.

과거 2008년 미국발 금융 위기처럼 전혀 예상하지 못하고 터진 경우도 있고, 2020년 미중 무역전쟁에 따른 경기의 불확실성 가운데 엉뚱한 것(코로나19)이 발생해 경기가 급락하는 경우도 있었다. 이 시기에 결국 원인은 무엇이든 주식 시장은 급락한다.

투자자들은 사건이 발생하자마자 주식 비중을 줄이는 게 아니라 상황을 지켜본다. 사실 개인 투자자들이 반응하기에는 무리가 있다. 단기 매매자든 중장기 투자자든 이미 발생한 상황에 대해 생각할 시간이 필요하다. 외국인 투자자나 기관 투자자들처럼 이미 문제를 접하고 주식 비중을 축소하기에는 당황스럽기 때문이다.

어제까지만 해도 시장은 매우 긍정적이고 일부 주식 가격은 고공행진을 해 투자자들의 부러움을 사기도 했고, 너도나도 주식에 참여했다. 경기가 불안하다는 것을 알면서도 주식 시장의 상승 분위기에 취해 앞으로의 경기에 대해 긍정적으로 판단했다. 그러나 갑작스러운 주식 시장의 연일 급락과 동시에 각종 언론들의 악재 뉴스가 계속되면, 이를 접하는 개인 투자자들은 새로운 주식 투자 전략을 수립하게 된다. 손실이 적든 많든 전량 매도를 결정하는 것이다. 어설픈 경제 전문가들의 비관론은 이 시기에 목소리를 높이고, 그 비관론자의 말에 사람들은 귀를 기울이게 된다. 각종 언론에서도 암울한 경기에 대해 지속적으로 다루면서 개인 투자자들의 심리는 불안해진다. 거래량은 점차 늘어나고, 주식 시장은 더 급락한다.

여기서 문제는 이 상황을 못 버티는 부화뇌동 투자자들이 많은 주식을 매도하면 누군가는 매수를 해야 이 거래는 체결된다는 것인데 실제로 거래가 이루어진다. 주식 시장의 폭락, 그리고 앞으로 경기 침체라는 대명제에도 불구하고 이때 주식을 매수하는 투자자들이 있다. 이들은 어리석은 투자자일까? 과연 그럴까?

이들은 앞으로 발생할 경기 침체와 각종 악재 뉴스에도 신경을 안 쓰고 주식을 산다. 앞으로 발생할 상황에 대해서도 버틸 수 있다고 판단해 모두가 두려워서 매도하는 주식을 사들인다. 그리고 기다린다. 결과는 주식 시장은 언제 그랬냐는 듯 회복을 한다. 이들은 어리석은 것이 아니었고 매우 지혜로웠던 것이다.

2020년 코로나19로 전 세계 주식 시장은 한 달 만에 -40~-50% 폭락했고, 필자의 강의를 듣는 투자자들은 계속 연락이 와서 매도하는 것이 낫지 않겠냐며 나름의 이유와 논리로 매도 결정을 언급했다. 하지만 필자의 경험상 대중의 공포가 극에 달한 상황에서는 절대로 매도하지 말고 다시 반등하면 그때 결정해도 늦지 않다고 설득 아닌 설득을 했던 적이 있다.

경기 침체가 시작되었는데 반등이 일어나냐고 물어보았을 때 논리적으로 설명할 수 없었지만 오랜 투자 경험으로 볼 때 대중의 공포가 극에 달할 때가 그동안 급락했던 주식 시장이 반등을 보이는 추세 전환 시점이 되기 때문이다. 유난히 그날은 필자의 강의를 듣는 투자자들에게서 연락이 많이 왔다. 그때 필자는 곧 추세 전환이 이루어지리라는 것을 확신할 수 있었다.

늘 그랬듯이 결국 주식 시장은 전 세계가 추세 전환에 성공하며 주식 시장이 급락하고 있었을 때 모든 전문가들의 주식 매도 결정을 비웃듯 제자리를 찾게 되었다. 안타깝게도 이 상황을 못 견디고 매도 결정을 내린 투자자들도 있었다.

주가가 급락하고 연일 언론은 암울한 내용만 보도하고 있는 중이다. 주식 투자 수익률은 그동안 번 돈을 다 날리거나 오히려 손해를 보고 있는 중이다. 손실이 더 최악으로 달리고 있는 상황에서 개인 투자자들은 이런 마음을 먹게 된다. '지금 팔고 더 떨어지면 사야지.' 그리고 결정한다. 전량 매도! 주식 시장이 더 하락할 것으로 기대하고 결정한다. 그렇다면 주식 시장이 더 하락하면 개인 투자자들은 재매수를 할까? 아니다. 개인 투자자들은 경기가 불안정한 상태에서 주식 시장에 참여하는 것을 불안하게 생각해 주식 시장이 더 하락하든지 주식 시장이 반등하든지 상관없이 재매수 결정을 하지 못하고 결국 투자를 지연하게 된다. 이후 주가가 급등하면 막대한 손실을 본 상태에서 다시 시장에 참여하는 오류를 범한다.

## 제2차 버블 그리고 자산 사이클의 새로운 시작

　과거 2008년 미국발 금융 위기든 2020년 코로나19로 인한 경제 위기든 주식 시장은 가장 큰 폭락장을 겪고 나서 반등하게 된다. 그리고 때로는 전 고점을 뚫기도 하면서 주식 시장은 온통 먹잇감을 쫓는 투자자들과 투기자들로 유동성 장세가 일어난다. 이때 개인 투자자들의 신용 거래는 사상 최고치를 갱신한다. 다시 말해 빚을 내서 주식 투자를 하는 사람들이 많이 생긴다. 왜냐하면 주식 시장은 급락 후 반등한다는 학습 효과로 인해 빚을 통한 유동성 장세가 극성을 부리게 된다. 와중에도 일부 기업들의 시세 분출은 개인 투자자들에게 시장 참여를 적극적으로 할 수 있는 근거가 되기도 한다.

　이러한 유동성 자금으로 주식 시장은 때로는 업종별, 때로는 테마별, 때로는 뉴스 보도에 의해, 때로는 기술적 반등별, 때로는 해외 주식에 영향을 받으며 시시각각 변화하는 상황을 만들어간다. 그러나 이런 유동성이 풍부한 상황에서 주식 투자 수익률이 크게 상승할 수 있음에도 수익률이 나쁜 투자자들도 있게 마련이다. 왜냐하면 투자 관점에서 길게 보고 주식 가격이 급락할 때 매수하는 투자자들보다 이번 기회가 한탕 하기에 최고라고 생각하는 단기 매매자들은 높은 주식 매매 회전율과 대출을 통한 주식 매매를 하기 때문에 호재성 뉴스와 악재성 뉴스에 민감하게 반응해 큰 수익을 거두지 못한다. 또한 이 시기에는 오로지 급락에 따른 반등과 주식 가격이 싸다는 이유만으로 투자자들의 주식 참여가 크게 증가한다. 마치 불이 활활 타오를 때 불속으로 뛰어드는 불나방과 같은 유동성 장세가 나타난다.

2020년 코로나19로 유가가 급락을 했을 때 개인 투자자들이 빚을 내서 원유 선물 레버리지 ETN에 투자한 사례가 있다. 가격 제한폭이 ±60%이기 때문에 원유 가격이 예상대로 상승하면 크게 수익을 보고, 하락하면 크게 하락하는 구조다. 이처럼 가격 제한폭이 크기 때문에 가격 변동성도 크고, 뿐만 아니라 일반적인 기초 자산이 아니고 원유 선물을 이용한 파생상품이기 때문에 일반인들이 이 상품의 구조를 이해한다는 것은 결코 쉬운 일이 아니다. 그럼에도 불구하고 오직 수익이 많이 날 수 있다는 기대감에 개인 투자자들은 불나방처럼 불속으로 뛰어들어 큰 손실을 본 적이 있다.

이처럼 이 시기에는 과거 경험을 바탕으로 한 투자와 단기 매매를 목적으로 한 자금이 뒤섞여서 주식 시장은 얼마 전 갑작스런 경기 침체 예상에 따른 폭락 장세와 미래에 대한 불안감을 언제 그랬냐는 듯 순식간에 잊고 거래량이 넘쳐나는 또 다른 버블을 만들기 시작한다. 그럼에도 불구하고 이런 시기에 증시에 참여하는 것은 인생에서 아주 좋은 기회이고, 부자가 될 수 있는 인생의 몇 안 되는 시기다. 대신 이런 시기에 증시 참여자들은 투자 및 매매 전략을 잘 세워야 한다. 수익률이 매우 높은 시기이므로 빚을 내서 투자할 수도 있다. 그러나 이것은 매우 어리석은 전략이다. 아무리 좋은 상황이라도 경기가 안 좋게 변한 상태이므로 주가는 항상 예측 불가인 상황이기 때문에 빚을 내서 투자 시 감당하기 어려운 상황을 맞이할 수 있다는 것을 명심해야 한다. 아무리 좋은 증시라도, 기회가 왔을 때 어떻게 운영하느냐에 따라 기회가 행운이 될 수도 있고 반대로 기회가 악운이 될 수도 있다. 흥미롭게도 이때는 단기 매매도 매우 좋은 수익률을 낼 수 있는 시기다. 결론적으로 말하면 이 시기가 투기적이라고 해도 누구나 돈을 벌 수 있는 시기인 것은 분명하다.

그러나 이 시기는 짧다. 갑작스런 경기 침체 전 주식 시장의 상승이 제1차 버블이라면 폭락 장세 후 급등 장세는 제2차 버블이라고 봐도 무관하다. 어차피 버블은 터지게 되어 있다. 이 버블 때 공포와 탐욕으로 주식 매매를 한 사람들은 시간이 지나면 후회하게 될 것이다. 그러나 제2차 버블이 꺼지면 주가는 낮은 상태가 될 것이고, 이때부터가 새로운 10년을 시작하는 전환점이 된다.

제2차 버블 후 투자 시계는 다시 시작하고, 이 시기는 머니 사이클의 새로운 출발점이 된다.

# 5단계
# 경기 하락기

---

주식 시장의 진정

환율의 안정

각국의 양적 완화 진행

미국 장단기 채권 스프레드의 약세 유지

실물 경기는 최악인데 주식 시장은 상승하는 이유

주식 투자 전략 – 대형주 위주, 미국 주식 시장 상승세 유지

금값 폭등

---

## 주식 시장의 진정

한바탕 홍역을 치른 세계 경제와 주식 시장은 서서히 진정 국면을 맞이하게 된다. 문제는 이제부터 경기는 하락세를 유지할 것이며 하락한 상태에서 경기 회복을 위한 체력 보충의 시간을 가지게 되어 기업들의

실적은 경기 정점에 비해 매우 낮게 나온다.

이때부터 실물 경기의 충격이 온다고 보면 된다. 대지진 이후 폐허가 된 도시를 재정비하는 데 시간이 많이 소요되는 것처럼 이왕에 기업들은 구조조정을 본격적으로 할 것이며 일부 기업들은 부도 또는 파산까지 가는 경우도 생기게 될 것이다. 기업의 구조조정이 본격화되면 가계 소비는 위축될 수밖에 없고 이는 기업들의 실적 저하로 연결된다.

주식 시장은 폭락 장세에서 급반등 장세를 거치게 되면서 주가의 차별화가 이루어지게 된다. 이는 당연한 프로세스다. 앞으로 최악의 실물 경기를 맞이할 것이기 때문에 주가 폭락에 따른 반등을 한 대부분 기업은 변동성이 적겠지만 그렇지 않은 대부분 중소기업이나 현금 비중이 적은 대기업들, 트렌드에 밀리거나 멀어져 있는 기업들은 차츰 주가 하락을 맞이하게 된다. 경기 순환 중 경기 침체 기간에 기업들은 정말로 힘든 시간을 보내게 된다. 투자자들도 이러한 상황을 인식하고 주식 투자에 점차 소극적으로 임하게 된다.

그러나 경제와 주식 시장은 다르게 움직인다. 경제는 지표와 실물 경기로 움직이지만 주식 시장은 이보다 먼저 앞서는 경향이 있다. 그리고 경제가 좋을 때가 주식 시장에서 자본이 빠져나가는 때이고 경제가 최악일 때가 주식 시장에 자본이 유입될 때다.

주식 투자자는 항상 역발상적인 사고와 대중과 다른 생각을 해야 한다. 그리고 깊게 생각하는 습관보다는 다양하게 생각하는 습관이 성공적인 주식 투자로 이끈다. 많은 개인들은 경기가 안 좋아서 주식 시장이 붕괴되었는데 주식 시장이 다시 상승하는 것을 이해하지 못한다. 조금만 생각하면 이해될 수 있는 부분인데 단순히 경기가 앞으로 안 좋을 것이라는 명제에 사로잡혀 돈을 벌 시기에 돈을 못 벌거나 잃는 경우가 생긴다. 이러한 현상은 집단적인 패닉으로 심리 상태가 한쪽으로 치우쳐서 생기는 일이고, 언론도 이를 부추기면서 개인 투자자들은 점점 부정적 사고에 함몰된다.

이 시기에 주식 시장은 안정세를 보여주지만 내부를 들여다보면 양극화는 심하게 진행된다. 자본이 몰리는 기업은 실적이 좋지 않아도 주가는 변동성이 줄어든 상태로 운행된다. 이러한 시기에 주식 투자를 하는 투자자 입장에서는 주식을 보유할 필요가 있을까라는 비관적이며 의심적인 사고를 하게 된다. 왜냐하면 경기가 안 좋으니 우량기업이라도 주가는 하락할 것이라는 불안감이 생기기 시작하기 때문이다.

경기 충격에 주식 시장이 급락 후 다시 급등하면 투자 수익이 나고 있음에도 불구하고 주식을 보유하고 있는 것에 대해 불안을 느낀다. 주식 시장의 반등과 실물 경기의 움직임은 전혀 다르기 때문에 더욱 혼란스러울 수 있다. 특히 이때 많은 비관론자들을 비롯한 전문가들이 V자 반등 혹은 L자형 등 여러 가지 가설을 이야기하기 때문에 더욱 혼란스럽다. 이러한 내외적인 불안감으로 주식을 보유하지 않는 쪽으로 결정하는 경우가 많고, 주식 시장에서 빠져나오려고 한다. 과거 주식 시장의 폭락 장세에서 배울 수 있듯이 주식 시장은 급락 후 급등이 일어났으며 주식 시장은 계속해서 성장하고, 다시 경기 고점을 향해 달려간다. 분명한 것은 인간의 문명이 발달하기 위해서는 경제가 활발하게 움직이고 성장해야 한다는 것이다. 이 경제 주체는 기업들이며 이들 기업들이 모여 있는 곳이 주식 시장이기 때문에 경기 순환이라는 변동성은 있어도 큰 흐름은 우상향이 될 수밖에 없다. 이를 의심하고 부정한다면 앞으로 우리 미래는 어둡고, 미래는 보장할 수 없게 되며 우리 노후는 안전하지 않을 것이다. 또한 우리 자녀의 미래는 암울할 수밖에 없고, 우리가 지금까지 알고 있는 어떠한 자산들도 결코 안전할 수 없게 된다. 이를 보여주는 사건이 과거 코로나19 팬데믹이다. 당시 주식 시장 붕괴로 주식의 대체 자산인 채권과 금값이 상승할 줄 알았는데 모두 급락하는 현상을 겪었던 적이 있다. 따라서 인간 문명이 지속적으로 발전해야 한다는 명제가 틀린다면 큰 문제이지만, 이 명제가 살아 있는 한 인간 문명은 발달할 것이고, 경제도 성장하고 주식 시장도 성장할 수밖에 없을 것이다. 다만, 어느 기업에 투자할 것인가가 가장 중요하다. 이 답 또한 간단명료하다. 그 시대, 그 사회 발전에 필요하거나 기여하는 업종과 기업에 투자하면 된다. 과거 시대에 맞고 현 시대의 니즈에 맞지 않는 업종과 기업에 투자하고 있다면 이런 투자는 문제가 될 수밖에 없다.

경제는 성장한다. 주식 시장을 이 시기에 떠나면 안 된다. 이 시기가 유동성 장세보다 인생에 있어서 더 중요한 시기다. 왜냐하면 새로운 10년의 첫해가 되기 때문이다.

주식 시장은 유동성 장세에서 나타난 고물가로 인해 미국 연준의 금리 인상 정책의 변화로 고공행진을 한 주식 시장에 큰 변화를 가지고 온다. 이때 주식 시장은 하락하는데 이것은 거품이 꺼지는 상황이라고 보면 된다. 이후 고금리 정책으로 인한 피로감이 경기를 위축시키면서 다시금 금리를 인하하는 정책으로의 전환을 예고한다. 금리 인하는 주식 시장에 호재로 작용하고, 주식 시장은 안정세를 찾아간다.

## 환율의 안정

주식 시장이 진정되는 상황과 함께 환율도 상승 이후 하락을 보이면서 평정심을 찾아간다. 미국을 제외한 국가들에서 빠져나간 달러는 수요가 증가하면서 고공 행진을 펼쳤지만 각국 정부의 재정 정책과 중앙은행들의 금리 인하와 통화량 증대로 달러의 공급이 늘어나면서 환율 시장은 진정세를 보인다. 미국 중앙은행을 중심으로 각국은 화폐를 매우 많이 시장에 공급하면서 달러에 대한 수요가 진정세를 이룬다.

각국 주식 시장이 강세를 보이는 것은 달러가 각국으로 흘러들어간다는 것이고 반대로 각국 주식 시장이 약세를 보이는 것은 달러가 각국에서 빠져나온다는 것이다. 달러를 기준으로 한 각국 환율이 안정되었다는 것은 큰 파도를 넘었다는 것으로 해석할 수 있다. 하지만 경기가 본격적으로 하락하는 시기인 만큼 달러는 다시 변동성을 가질 수 있다.

유동성 장세 때 급격한 금리와 양적 완화 정책은 물가를 끌어 올리는 부작용도 가지고 온다. 그렇게 되면 미국 연준은 금리 인상 정책을 통해 물가를 잡으려고 하지만 각국의 사정은 이를 감당하기 어려워진다. 고금리가 지속되면 각국의 기준금리도 강세를 보일 수밖에 없는데, 이렇게 되면 자국의 대출과 관련한 문제가 터질 수 있어 살얼음을 걷는 심정이 된다. 반면, 미국은 고금리로 자국으로 자금이 들어오게 해 경제와 생산 활동의 기회를 가지게 된다. 뿐만 아니라 달러는 강세를 보이며 자국의 물가를 잡는 데 도움을 받기도 한다. 유동성 장세가 끝나고 경기 하락 시기에는 달러 강세가 이어질 수밖에 없다.

## 각국의 양적 완화 진행

갑작스럽게 발생한 경기 침체로 각국 중앙은행들은 미국 연준을 중심으로 통화량을 대폭 늘리는 정책인 양적 완화 정책 카드를 꺼내면서 주식 시장의 패닉을 막을 수 있었다. 그러나 양적 완화 정책은 일시적으로 끝나는 것이 아니라 경기가 어느 정도 회복 국면을 보이거나 통화 정책을 펼치지 않아도 세계 경제가 돌아가는 것을 각종 지표로 확인하기 전까지 각국의 중앙은행은 통화량을 시중에 푸는 양적 완화 정책을 지속적으로 실행하게 된다. 이렇게 풀린 통화량은 중앙은행에서 시중 은행으로 시중 은행에서 기업으로 기업은 협력업체로 그리고 시중 은행에서 가계로 낙수되면서 어려운 경기 침체기를 버티는 데 사용한다.

각국 중앙은행들의 추가적인 양적 완화 정책은 경제 전체와 주식 시장에 유리하게 작용하게 되며 이는 소비를 부추기는 효과가 있어서 경기 하락에 대한 방어 효과도 보게 된다. 실제로 주식 시장이 다시 급반등하면서 주가는 회복된다. 이와 더불어 주식 시장이 살아나면서 단기 매매로도 수익을 낼 수 있는 환경이 만들어지면서 개인 투자자들은 불과 얼마 전까지만 해도 공포감에 휩싸였던 상황을 잊어버리고 수익률에 취해버리는 모습을 보인다. 이렇게 번 수익은 소비 진작을 위해 조금이나마 도움이 된다.

중앙은행의 통화 정책이나 정부의 재정 정책은 사실상 빚이지만 빚이라는 것은 단순히 빚의 나쁜 효과만 있는 것이 아니라 넓은 의미의 좋은 효과도 존재하기 때문에 주식 투자자들은 정치적 또는 경제적, 사회적으로 해석하지 말고 주식 투자자 입장에서 해석하면 중앙은행의 양적 완화 정책과 정부의 재정 정책에 대해 좀 더 이해하기 쉬울 것이다. 이 시기에 경제 전문가들 중 비관론자들은 국가 부채에 대해 말하는데 이것은 스스로 무지를 나타내는 것과 같거나 남이 잘되는 것에 대한 시기심이라고 보고 싶다. 이들은 뜨거워지고 있는 물속에 있는 개구리와 같은 생각을 하는 것이다. 인생을 살면서 문제가 발생할 때 극약 처방이 손실을 적게 하고 상황을 호전시킬 수 있다. 부채가 많다고 말하는 경제 전문가들은 그들의 삶이 괜찮으니 그리 쉽게 말하는지도 모른다. 세상은 절망적인 상황에 놓여 있는데 말이다.

이런 전문가들도 있다. 유동성 장세 때 돈이 몰려서 주가가 상승하는 업종이 있는데, 그 업종에 대해 비관적으로 말하는 전문가들이다. 그런데 이들은 하나만 알지 둘 셋을 모르는 사람들이다. 양적 완화로 돈이 풀렸을 때는 새로운 경제 성장을 만들어내야 하는 범경제적, 정치적, 금융적인 암묵적인 사회적 합의에 의해 해당 업종이 실적과는 상관없이 상승하게 되는데, 이러한 상황을 모르고 실적만 논한다면 그 사람은 실전 투자 전문가가 아닌 투자를 안 하는 전문가에 지나지 않는다. 실제로 이런 부류의 사람들이 흔히 경제전문가라고 하며 의외로 많다. 재미있는 사실은 나중에 이들도 결국 낙관적으로 의견을 바꾸게 된다. 하지만 이들이 생각을 바꾸는 시기가 주가 추세의 전환 시기가 된다.

주식 시장은 어쨌든 양적 완화로 인한 활황 이후 거품이 빠지면서 한 차례 진통을 겪지만, 이미 시장에는 막대한 유동자금이 풀려 있는 상태여서 주식 시장은 한 단계 업그레이드되는 상황으로 전개되고, 더 이상 하락하지 않게 된다. 다시 말해 경제 상황과 달리 주식 시장은 저점이 높아진다는 것을 의미한다. 그래서 이 시기부터는 변동성이 줄어든다.

## 미국 장단기 채권 스프레드의 약세 유지

그동안 미국으로 흘러들어간 자본으로 달러 강세와 상대국 화폐의 약세로 인해 환율 시장은 불안한 모습을 보였다. 갑작스러운 주식 시장의 급락으로 인한 달러 급등은 양적 완화로 주식 시장의 회복과 함께 달러 약세를 보여주기 시작한다.

채권 시장도 그동안 주식 시장에서 채권 시장으로 집중되었지만 일부 자금이 채권 시장에서 주식 시장으로 이동하면서 채권 가격도 하락하며 진정세를 보인다. 또한 각국 정부의 채권 발행으로 달러를 기반으로 한 자금들이 해당 국채를 매입하면서 달러 약세가 진행되거나 일부 국가들의 미 채권 매도로 인한 채권 가격 하락과 달러를 자국 화폐로 환전하면서 달러 약세를 가지고 온다. 그렇지만 이 시기 달러 약세는 제한적으로 적용된다.

미국 장단기 채권 스프레드는 여전히 약세를 유지한다. 왜냐하면 미국 기준금리가 급락한 상황이기 때문에 단기 채권 수익률의 하락은 지

| 2~10년물 미국 장단기 채권 스프레드 |

출처 : https://fred.stlouisfed.org 참조

속되고, 반면 주식 시장의 반등이 강해지면서 채권 매도에 의한 장기 채권의 수익률은 차츰 높아지며 미국 장단기 채권 스프레드는 일정 기간까지는 약세를 유지할 수밖에 없다. 여기서 미국 장단기 채권 스프레드가 약세라는 것은 간극이 '0' 또는 '-'에 있다는 것을 말한다.

경기 하락 시기에 지난 코로나 시절처럼 통화량이 급증하면 인플레이션에 문제가 발생할 수 있어서 저금리 정책을 포기하고 다시 금리 인상 정책을 사용하기도 한다. 이 경우 다시 미국 장단기 채권 스프레드는 역전금리 상태를 계속 유지하게 된다. 미국이 물가를 잡으려고 고금리 정책을 사용하면 전 세계는 쉽지 않은 상황을 맞이하게 되고, 간혹 지역적으로 전쟁을 발발하기도 한다. 코로나 시기가 끝나고 러시아와 우크라이나 전쟁, 이스라엘과 하마스 전쟁 등이 대표적이며 과거에도 이런 상황은 비슷하게 나타났고 역사는 반복된다. 모두가 힘든 상황이다 보니 버티지 못하는 국가들은 극단적인 상황을 일으키게 된다. 경기가 좋은 시기에는 모든 나라들이 우회적이나 경기가 안 좋은 상황에서는 국가 간의 갈등이 커질 수밖에 없다.

## 실물 경기는 최악인데 주식 시장은 상승하는 이유

이 시기에 주식 시장과 실물 경기는 같은 방향을 유지하지 않는다. 상식적으로 볼 때 실물 경기가 안 좋기 때문에 주식 시장이 안 좋다고 생각할 수 있으나 오히려 정반대의 현상이 나타난다. 그 이유는 주식 시장은 투자자들의 심리가 작용하는 곳이기 때문이다. 경기가 안 좋다는 것을 인지하고 있는 상태에서 더 이상 악재가 나올 것이 없고, 각종 정보에 흔들리는 투자자들이 빠져나간 상황에서 지금이 저가 매수 기회라고 판단하는 투자자들에 의해 주식 시장은 버티는 모습을 보인다. 경기 하락기에는 단기 매매 목적으로 주식 시장에 참여한 투자자들이 빠져나가고 앞으로 경기가 회복될 것이라고 확신하는 투자자들에 의해 주식 시장은 변동성을 점차 줄여가게 된다.

또 다른 이유로 기업들은 이미 유동성 확보가 되어 있는 상태고, 매출이 경기가 좋을 때와 전혀 다르기 때문에 목표치를 낮춘 상태에서 기업 운영을 하게 된다. 이때 인력 구조조정과 같은 여러 가지 조치를 취하면서 기업 이익의 효율성을 높이게 된다. 이런 상태에서 매출이 조금이라도 늘어나면 주가 상승의 여지를 주게 된다. 금리 인하까지 이루어지면 기업들의 재정적 상황은 한층 높아진다. 일부의 기업들은 고금리 정책에 따른 이자 수익도 가져가게 되어 우리가 생각하는 것처럼 모든 기업이 어렵다고 할 수는 없다. 또한 시가총액이 큰 기업을 중심으로 주식 시장이 잘 버티거나 상승세를 유지하면 지수는 버티거나 상승세를 유지하게 된다.

그런데 여기서 모든 기업들의 주가가 잘 버티는 것은 아니다. 실물 경기가 안 좋아지면 현금 비중이 부족하거나 트렌드에 역행하고 있는 기업들이나 재무 상태가 안 좋은 기업들의 주가 하락은 불가피하다. 이유는 유동성에 의한 물가 상승과 금리 비용 상승, 그리고 경기 하락 때문에 버티기 어려워서다.

이 시기에 기업들은 상장을 목적으로 공모를 하는 경우가 많으며, 일부 기업들에서는 주가가 급등하는 경우도 있다. 돈이 많이 풀렸기 때문에 기업들은 이 시기에 자금을 유치하려고 한다. 이런 분위기는 증시에 긍정적인 영향을 끼치게 되고, 주식 시장은 다시 불이 붙기도 한다. 그러나 이 시기 주가 상승은 지속적이지 않고 일정 기간 상승 후 하락하게 된다. 향후 경기가 둔화되기 때문에 차익 실현의 목적으로 인해 주가는 하락을 면치 못하게 된다.

주식 시장의 반등에 비해 실물 경기는 하락세를 지나 둔화와 침체기에서 급격한 가계 소비 감소가 이루어지고, 각종 지표는 안 좋을 수밖에 없는 상황을 보여준다. 그러나 시중에 갈 곳 없는 자금과 중앙은행의 통화량 증가는 실물 경기와 상관없이 주식 시장을 움직이는 힘으로 발휘된다. 경기가 좋은 실적 장세처럼 주식 시장이 움직이지는 않더라도 지수는 현금 보유가 많은 시가총액 상위 기업 중심으로 차츰차츰 안정적으로 변하게 된다.

경기가 하락세를 이어갈 것이 분명하다면 투자 자금은 수익성보다는 안전성을 선호하게 된다. 이때 채권이나 현금과 같은 자산을 선호하게 되는 것은 당연하다. 주식 시장의 경우도 마찬가지다. 이 시기에 현금 비중이 많은 기업에 투자 자금이 몰리게 된다. 현금 비중이 많고 경기 하락기와 침체기를 잘 견딜 수 있고 이후 성장할 수 있는 기업에 투자 자금이 몰린다.

이러한 기업들은 대부분은 대형주이고, 시가총액이 높은 초우량주에 해당된다. 이들 기업들은 경기가 좋을 때보다 매출이 줄어들었음에도 불구하고 시중에 풀린 유동성 자금에 의해 주식 매수세가 이루어지면서 주가는 안정세를 유지하거나 오히려 상승세를 유지하며 전 고점을 갱신한다. 이렇게 되면 각국의 주식 시장 대표 지수는 상승세를 유지할 수밖에 없다. 특히 미국 주식 시장이 전 세계 주식 시장 중 가장 안전하다고 보기 때문에 유동성 자금의 상당 부분이 미국 주식으로 흘러들어가게 된다.

주식 가격이 상승하는 것은 두 가지 경우다. 해당 주식을 사고 싶은 사람이 많을 때와 해당 주식을 안 팔고 있는 사람이 많을 때다. 이 시기에 일부 정해진 기업들에 자금이 몰리면서 주가가 상승세를 보여주는 이유가 바로 매수하려는 사람들이 한곳으로 집중되기 때문이다.

세상의 돈은 유한하다. 그러한 돈의 양이 한쪽으로 쏠림 현상을 보이면서 이들 기업의 주가는 실적과 현금 보유, 미래 사업의 관심에 의해 집중적으로 상승하게 된다. 그 반면에 미국 주식 시장으로의 쏠림 현상으로 다른 나라의 주식 시장은 좋지 않게 된다. 시가총액 하위 기업들도 이것이 적용되어 반등은커녕 하락만 지속하게 된다. 이러한 현상은 쏠림 현상과 수급, 즉 매수세가 줄어들면서 나타나게 된다.

따라서 이런 시기의 주식 투자 전략은 이들 기업 중심으로 투자하는 것이다. 왜냐하면 매수하려는 사람들도 많지만 경기가 회복되면 이들 기업의 상승세는 경기 하락기와 침체기에 살아남아 경기가 성장하면 매출이 정상화되기 때문이다. 이후 경기 회복기에 이러한 주식의 주가가 시간이 흘러 뒤돌아보면 낮은 가격이라는 것을 알게 된다.

그러나 시가총액이 큰 기업이라고 무조건 여기에 해당되지 않는다. 경기 순환 중 경기가 성장 후 급락하는 것은 경제의 큰 패러다임의 변화를 예고하는 것과 같다. 과거 인구가 증가하는 시기에 제조업을 중심으로 성장한 세계 경제는 이후 IT를 중심으로 재편되었다.

과거 세계대전 이후 경기 부양과 각국들의 경제 발전을 위한 토목건설산업이 부흥을 이루어 어느 정도 토목건설 인프라가 구축되면서 건설업은 점차 과거와 같은 영광에서 뒤처지게 되었고, 2008년 리먼 사태 이후 탈석유와 친환경 정책으로 조선업과 자동차 산업은 직격탄을 맞이하게 된다. 코로나19로 인한 경기 하락도 각국의 보호무역 장벽을 높게 하는 계기가 되었을 뿐만 아니라 IT를 기반으로 한 비대면 생활과 의료 시스템을 향상시키는 계기가 되었다.

이렇듯 큰 경기의 변화에 같은 대형주라도 어떤 기업은 더 성장하고 어느 기업은 역성장해 시장에서 도태되는 상황을 맞이하게 된다. 특히 주식 투자자는 이러한 패러다임에 관심을 가져야 한다. 이 시기에 변화의 물결을 잘 타면 기회를 가질 수 있지만 과거에 머물러 있는 투자 사고로 과거에 머물러 있는 업종과 기업에 투자하면 주식 시장에서 살아남을 수 없다. 참고로 이들 기업들의 주가는 싼 편이며 주가가 싼 데는 다 이유가 있게 마련이므로 주가가 싸다고 저평가로 인식하면 안 된다.

# 금값 폭등

경기가 안 좋아지면 투자 심리는 안전 자산을 선호하게 되는데 금이 대표적이다. 금값은 경기가 정상적으로 움직일 때는 투자자들의 관심을 받지 않고, 경기 안 좋다고 판단할 때 투자자들이 관심을 갖게 된다. 그래서 이 시기에 수익률도 높게 나타난다. 경제를 이끄는 기업들에 대한 불신과 경기가 안 좋다는 여러 가지 이유가 작용하면서 금이 가장 안전하다는 심리가 깔리면서 금 선호 현상이 나타나게 된다.

특히 이 시기에는 달러도 유동성이 풍부해지면서 화폐 가치가 하락하기 때문에 현금 선호도는 떨어지면서 금에 대한 선호도는 높게 나타나는 경향을 보인다. 실제로 이 시기에 금에 대해 선호가 높고, 경제 전문가들도 달러 대신 금으로 돌아가자는 내용으로 투자자들에게 금 투자를 부추기는 양상을 보인다.

사람들은 금을 안전 자산이라고 하는데 사실 금은 안전 자산이 아니다. 주식 시장이 불안해 이를 대체하는 자산으로 보아야지 안전 자산으로 취급한다는 것은 무리가 있다. 왜냐하면 경기가 회복되고 주식 시장이 상승하면 금값은 하락하는 경향이 짙게 나타나기 때문이다.

이 시기에 금값이 상승하는 이유는 단지 안전 자산에 대한 수요가 있어서 상승하는 것도 있지만 또 다른 이유가 있다. 세계 경제가 안 좋아지면 각국의 외환보유고는 줄어들 수밖에 없다. 자체적으로 사용할 수도 있고 달러가 유출될 수도 있다. 외환보유고는 다른 말로 정부의 대출량으로 보아도 된다. 대출량이 줄어들어 대출이 필요한 기업이나 가계에 돈을 지급할 수 없게 되면 아주 큰 낭패를 볼 수밖에 없다. 외환보유고가 넉넉하다는 것은 가용 자금이 많다는 것으로 해석할 수 있는데, 우리나라는 이런 시기에 미국 정부와 통화 스와프를 하면서 달러를 가지고 온 적이 있다. 이때 이자를 지급해야 한다. 통화 스와프도 해당 국가의 신용도와 관련 있기 때문에 중하위 국가들에게는 쉽지 않은 일이다. 그렇다고 IMF로부터 자금을 조달할 수는 없다. 이 경우를 사용한다는 것은 국가와 기업 그리고 국민으로서는 아주 어려운 선택이 된다. 그래서 재정 상황이 여의치 않은 국가들은 달러 기준의 금융 구조에서는 버티기 어렵다. 이러한 상황을 극복하거나 해결해나아가기 위해 선택하는 것이 금을 사 모으는 것이다. 국가가 빚을 상환하기 어려울 때 금으로 상환하면 그 가치를 인정받기 때문에 금을 사 모으는 일이 발생한다. 과거 한국이 IMF 때 금 모으기 운동이 유효했던 것처럼 말이다. 대표적으로 중국을 비롯한 개발도상국가들이 이 시기에 금을 매수하면서 금값은 상승세를 탄다.

금 투자 시 주의할 점은 각국의 금값은 달러까지 고려해서 나타나는 가격이라는 점이다. 달러까지 상승하면 국제 금값보다 자국의 금값이 더 비싸게 나타난다. 바로 이 시기는 달러 강세 시기이기 때문에 자국의 금값은 비싸진다. 그러나 경기가 회복이 된다면 금값은 하락할 것이고 달러도 약세를 보이게 되어 자국의 금값은 이중으로 하락하게 된다. 따라서 금을 소유할 목적이라면 세금 등을 고려해 현물을 가지고 있으면 되겠지만, 금 시세를 이용한 차익 거래는 경기 상황을 고려하지 않으면 낭패를 볼 수 있음을 유의하길 바란다.

돈은 수익률을 쫓아서 움직인다는 것과 불안하면 안전한 곳으로 숨는다는 두 가지 속성이 있어서 다시 경기가 좋다고 판단되면 돈은 금에서 주식 시장으로 이동하게 되고, 금에 대한 수요는 급격하게 떨어진다. 따라서 금에 투자할 때는 이러한 속성을 이해하고 투자하는 것이 좋다. 한 가지 더 언급한다면 금 투자도 장기간 투자하면 분명 투자 수익이 좋아질 수밖에 없다. 금 또한 물가 상승률에 영향을 받고 있기 때문이다. 금은 때로는 대체 투자 역할과 함께 장기 투자의 역할을 하고 있다는 것을 염두에 두고 투자에 임하기를 바란다.

# 6단계
# 경기 둔화 & 침체기

---

기업의 본격적인 구조조정 진행

부동산 가격의 하락세

주식 투자 전략 – 경기 방어주의 상승세

각국 중앙은행의 양적 완화 정책과 저금리 정책 기조 유지

재테크 무관심의 시기

경기 침체와 물가 상승 둔화

---

## 기업의 본격적인 구조조정 진행

양적 완화로 돈이 풀린 상황에서 기업들은 새로운 성장 동력에 역량을 집중한다. 이때 기업들은 인력난에 곤란을 느끼게 된다. 그래서 유동성 장세 때는 취업률이 올라가게 된다. 이 시기에 취업률은 매우 좋으며 경기가 좋을 때보다 취업 활동이 양호하다. 하지만 경기 하락 시기에 진

입하면 기업들은 혹독한 겨울을 맞이하게 된다. 외부의 큰 충격에 의한 경기 급락은 기업들에게 예상치 못한 상황일 것이다. 물론 예상한 기업들도 있겠지만 사실상 사업을 진행 중에는 미래를 예측하고, 대비해서 회사를 운영하는 것이 사실상 어렵다. 그렇기 때문에 기업들은 일이 터지고 나서 수습을 하고 앞으로 상황에 맞추어 체질을 개선해나가는 쪽으로 회사를 운영하는 기업들이 많아지게 된다. 양적 완화 시기는 불과 1~2년으로 끝나지만 경기 하락 시기는 이후 곧바로 찾아오게 되어 통상 1~2년으로 본다. 경기 하락 시기는 유동성 장세의 하락 시기에 해당되기 때문에 아주 드라마틱한 상황이 몇 년 사이에 일어난다.

경기가 둔화와 침체기로 들어간다는 것을 확인한 기업들은 본격적인 구조조정에 들어가는데, 어느 업종에서 구조조정을 할지 모른다. 과거 미국발 금융 위기 이후 구조조정이 찾아온 대표 업종은 은행이었다. 은행이 구조조정 대상이라는 것을 상상조차 할 수 없었다.

경기가 어려울 때 가장 중요한 것은 현금을 많이 확보하는 것이다. 확보한 현금을 통해 현 상황을 유지하거나 차후 경기 회복이 되기 전 신사업에 미리 투자하는 재원으로 사용하기 때문에 현금 확보는 매우 중요한 일이다. 이와 더불어 불필요한 지출을 줄이게 된다. 각종 운영비를 줄이거나 불필요한 비용을 줄여나가게 되며 이렇게 해도 회사 경영이 어렵다고 판단하면 사업부나 사옥과 같은 부동산 부지를 매각하게 되고, 이러한 조치도 여의치 않으면 회사채를 발행하거나 증자를 통한 현금을 확보하거나 부채를 줄여나가게 된다. 마지막으로 인건비를 줄이는 방법도 동원하게 되는데, 급여를 줄이거나 동결하기도 하며 심지어 인력 감소도 추진하게 된다.

이렇게 되면 가계도 어려워질 수밖에 없다. 어려워진 가계는 소비를 줄일 수밖에 없게 되고, 이는 기업의 매출 감소로 이어져 실업률이 상승하게 되며, 일부 기업들은 부도까지 나는 경우도 있다. 이 시기는 주가가 급락 후 반등 그리고 지속적으로 상승하는 것과 달리 실물 경기가 본격적으로 하락하는 시기로 접어들어 결국 주식 시장에도 여러 가지 안 좋은 영향을 주게 된다.

## 부동산 가격의 하락세

기업들의 혹독한 구조조정은 가계에 바로 타격을 줄 수밖에 없다. 가계는 소득 감소로 인한 소비가 감소될 수밖에 없다. 그러나 소비는 가계 재정에서 볼 때 쉽게 줄이기 어렵다. 소득이 줄어들면 저축 금액이 줄어들지 소비가 줄어드는 경우는 그리 많지 않다. 또한 기업의 구조조정으로 불가피하게 실업 상태가 지속되면서 가지고 있는 현금을 이용할 수밖에 없게 된다. 이로 인해 현금 보유량은 점차 줄어들고 심지어 보유하고 있는 자산도 처분하는 경우가 발생하기도 한다.

예를 들면 아파트와 같은 부동산을 처분할 수도 있다. 문제는 이러한 생각을 많은 사람들이 하면서 집값은 하락하게 되고 이때 집을 구입하려는 실수요자는 적극적으로 매수에 나서지 않고 계속해서 관망하게 되어 매도 우위가 아닌 매수 우위의 시장이 만들어지게 된다. 사실상 부동산 시장의 하락 또는 횡보 시기를 맞이하는 것은 불가피하게 된다.

경기가 침체를 해도 거주하는 집을 매도하는 경우는 쉽지 않지만 이 시기에는 현금 보유가 가장 중요시되기 때문에 매도 우위의 부동산 시장에서 주택 가격의 호가는 계속해서 떨어지게 될 수밖에 없다. 특히 실수요자들의 생각이 매수에 대해 부정적이거나 관망적이기 때문에 부동산 가격의 하락 현상은 지속될 수 있다. 그러나 일부 부동산 시장은 주식 시장과 마찬가지로 지역마다 하락률이 다르게 나타나게 된다. 예를 들어 과거에 조선업을 중심으로 발전한 지역은 조선업 경기의 하락으로 인구가 외부로 빠져나가면서 그 지역 주택 가격은 급락했던 적이 있다. 반면에 강남 일대는 그대로 가격을 유지하게 된다.

이 시기에 주택 즉 부동산 시장은 실물 경기를 그대로 투영하기 때문에 이러한 상황이 실물 경기와 함께 움직인다고 보면 된다. 부동산 시장은 주식 시장보다 회복이 더딘 편이다. 투입 자금이 커서 매매에 어려움이 있다. 그리고 부동산 투자자들은 대부분 일반 대중이기 때문에 경기가 회복 되어도 경기 성장 시기나 유동성 장세만큼 반등하지 못한다. 반등에는 시차가 필요하다.

참고로 경기에 충격이 올 때 가장 먼저 반응하는 것은 거대 자본가들이며 그리고 기업들, 마지막으로 가계 순으로 진행된다. 이 시기는 부동산 투자도 적기일수 있다. 과도한 가격하락에 일부 매수세가 붙게 되고 정부는 새로운 부동산 정책을 내놓게 되어 지나친 부동산 시장의 위축을 막게 된다. 정부 입장에서는 부동산 부양을 통해 세금을 거둬들일 수 있어서 좋고 기업들은 이 대규모 프로젝트에 참여해 경기 침체(둔화) 시기를 잘 이겨낼 수 있게 되어 좋다.

기업들은 이 시기에 혹독한 추위를 느끼게 된다. 그러나 이 시기에 일부 기업들의 실적이 다른 대부분의 기업들보다 좋게 나오는 경우도 생긴다. 정확히 말하면 경기를 주도한 대부분 기업들의 실적이 저조하다 보니 상대적으로 실적이 좋아 보이는 기업들이 있다.

산업은 소비재를 중심으로 움직이는데 크게 두 가지로 분류할 수 있다. 우리가 살아가면서 경기가 좋든 나쁘든 반드시 필요한 음식업과 같은 필수 소비재와 경기가 좋아지면 소득이 상승해 지출을 하는 선택성 소비재로 구분된다. 이 중 선택성 소비재는 가전, 자동차와 같은 소비재로서 금액이 큰 단위이며 필수 소비재는 선택성 소비재에 비해 금액이 적은 단위에 속한다. 그리고 필수 소비재는 사실 경기에 크게 영향을 주지도 받지도 않으며 경기 순환에 상관없이 꾸준한 실적을 보여준다고 보면 된다.

필수 소비재는 의식주와 관련된 업종으로 구성되어 있다. 예를 들면 음식료, 전기, 가스, 통신, 제약과 같은 업종이 여기에 해당된다. 이들의 실적은 항상 변함이 없기 때문에 경기 침체 시기에 투자하기 적합한 업종이라고 볼 수 있다.

주식 시장에서도 이들 업종과 기업들에 대한 기대심리가 크게 작용하면서 주가도 상승할 확률이 높다. 그렇다고 시가총액이 매우 큰 성장 기업들은 상승을 안 한다는 것이 아니다. 일부 초대형주들은 이미 이전부터 매수를 해 홀딩되어 있는 중이라 주가 상승률이 작을 수밖에 없다. 그 이유는 신규 매수세가 많지 않기 때문이다. 이들도 상승하지만 시기적으로 경기방어주에 대해 사람들의 관심이 더 높아질 수밖에 없게 된다. 이것도 시장이 매우 큰 미국 주식 시장에서는 나타날 수 있지만 우리나라처럼 작은 주식 시장에서는 이마저도 크게 나타나지 않을 수 있다.

## 각국 중앙은행의 양적 완화 정책과 저금리 정책 기조 유지

각국 정부와 중앙은행은 경기 급락 시 통화를 풀었던 양적 완화 정책과 저금리 정책 기조를 이 시기에도 그대로 이어간다. 기업들은 여전히 돈을 필요로 하고 있고 가계들도 소비를 줄이게 되면서 기업의 매출은 예전 같지 않으며 시중 은행도 예금양이 줄게 되면서 대출에 대한 심사가 까다로워지고 결국 기업과 가계에 자본이 제대로 순환되지 않는 상황이 전보다 더 심해지게 된다.

그래서 각국 정부와 중앙은행들은 지속적이며 추가적으로 양적 완화 정책을 펼치며 금리 또한 아주 낮게 유지하면서 기업과 가계 재정에 도움을 주려고 하고 어느 정도 회복 신호가 오기 전까지는 이러한 정책 기조는 유지된다.

물론 코로나 시기에 풀렸던 대규모 양적 완화로 물가가 급등해 잠시 고금리 정책을 펼쳤지만 결국 고금리 정책이 경기를 어렵게 해 금리를 인하하게 되었다. 금리를 인하한다는 것은 그만큼 경기가 안 좋기 때문에 금리를 내린다는 것으로 주식 시장에서는 이런 경우 호재로 작용된다. 하지만 실물 경기는 매우 어렵다. 그래서 금리를 인하한 것이다.

## 재테크 무관심의 시기

인플레이션이 어느 정도 유지되고 물가가 지속적으로 상승을 하면 경제 구조상 주식 시장과 부동산 시장은 이에 부합하는 자산이다. 하지만 경기가 하락하고 둔화 또는 침체를 거치게 되면 당연히 이들 자산도 하락을 할 수 밖에 없다. 이와 더불어 주식과 부동산의 대체 자산인 금 그리고 달러도 어느 정도 급등하고 나면 이익 실현으로 다시 제자리로 돌아오기 때문에 이런 반등 시기를 지나가게 되면 더 이상 투자 매력이 떨어지게 된다.

흔히 안전 자산이라고 하는 채권도 마찬가지다. 일반인이 국채와 같은 장기 채권에 투자해 얻는 수익은 그리 크지 않기 때문에 채권 투자 또한 매력이 떨어진다. 채권은 대규모 자본가에 의한 투자다. 이 시기에 이미 채권 투자자들은 기준금리 인하 전에 매수했기 때문에 신규 채권 투자자들은 수익에서 재미를 못 보게 된다. 그러면 현금을 그대로 가지고 있는 방법밖에 없는데 이 또한 별 의미 없는 투자 대안이 된다. 그래서 이 시기에 사행성 산업이 성장하게 된다. 자산을 늘릴 수 없는 여건이 조성된다고 판단되면 사람들은 자산을 증식시킬 수 있는 대안을 찾게 되는데, 이때 대표적인 사행성 산업이 카지노 등이라고 보면 된다. 카지노를 비롯해 복권도 여기에 해당되며 경마, 경륜, 경정, 사이버 머니가 통용되는 게임 등 다양한 사행성 산업이 활개를 치면서 우리 삶을 더욱 힘들게 만든다.

상황이 이렇다 보니 개인 투자자들은 재테크에 관심을 가지지 않게 된다. 더불어 현실에 충실할 수밖에 없는 상황이 재테크에 관심을 못 가지게 되는 원인 중 하나다. 이 시기에는 재무 설계와 같은 다시 돈 모으기에 관심을 가지게 된다. 일확천금이 아니라 반성하고 올바르게 재테크하는 방법을 원하게 되며 이런 부류의 책이나 강연이 관심을 끈다.

그러나 투자는 경기가 안 좋을 때 하는 것이다. 당장은 경기가 안 좋지만 금리 인하와 기업들의 대규모 생산 시설 증설 등이 향후 경제를 좋아지게 할 것이다. 예를 들어 공장 한 개보다는 공장 여러 개가 추가로 준공된다면 그만큼 인력이 필요하고, 이렇게 되면 취업률은 올라가고 이 취업자들은 소비를 하게 되어 경제가 다시 활기를 띤다. 이것이 경제가 순환하는 원리다. 하지만 공장과 같은 기업의 생산 시설들이 준공되어 매출 활동을 하려면 통상 3~4년의 시간이 필요하다. 바로 이 시기에 경기가 침체를 보이고 좀 더 나아가 회복 직전이 되기 때문에 투자는 바로 이때 해야 경기가 좋아질 때 좋은 결실을 맺는 것이다. 대부분의 대중은 이 시기에 저축을 한다. 그렇게 되면 만기를 보통 3년에서 5년이라고 볼 때 경기가 살아나는 시기에 투자하게 됨으로써 항상 고점에 주식을 투자하는 상황이 발생하는 것이다.

투자는 그 자체가 50%의 리스크를 안고 있다. 그리고 나머지 50%가 미래에 대한 기대치를 가지고 있는 것이다. 따라서 투자자는 어떤 선택을 할 때 손해를 볼 수 있다고 생각하고 결정을 내려야 한다. 왜냐하면 그것이 투자이기 때문이다. 세상에 원금 보장이라는 것은 없다. 가격 변동도 있고 물가 상승이라는 확정된 손실도 있다. 결국 자본주의에서 살아가는 사람들이라면 투자를 해야 한다. 다만 어떻게 하면 지혜롭고 현명하게 할 것인지에 대한 공부와 연구, 그리고 경험이 필요할 뿐이다.


## 경기 침체와 물가 상승 둔화

기업의 구조조정과 가계의 소비 위축이 지속되면 경제 침체도 이어진다. 이렇게 경기 침체 기간이 길어지면 물건 가격은 더 이상 상승할 수 없게 된다. 물가 상승률이 낮아지면 기업에 도움이 되지 않고 정부에도 도움이 되지 않는다. 이 시기에는 할인된 가격으로 물건을 많이 판매하려고 하지만, 그렇다고 소비자들이 많이 사지도 않는다. 그야말로 경기 침체의 정점에 있다고 보는 시기다.

이런 시기가 오랫동안 지속되고 유지되었을 때 나타나는 것이 디플레이션이다. 디플레이션은 물가가 안정된다고 하지만 물가가 상승하지 못하는 것은 경제가 제대로 작동되지 않는다는 것을 의미한다. 즉, 소비자가 비싼 물건을 살 여유가 안 된다는 것을 의미하며 소비자는 급여소득이 오르지 않기 때문에 그 수준에 맞춰 살게 된다. 소비자의 상황이 이러하니 기업도 비싼 물건이나 획기적인 상품 개발에 공을 기울이지 않게 된다. 경제와 사회가 활력을 잃었다고 봐야 한다.

각국의 중앙은행은 바로 이러한 상황을 극복하기 위해 시중에 통화를 많이 풀어서 물가를 상승시키려고 노력하며 각국의 정부도 일자리를 늘려서 가계의 소득을 줄지 않게 하려고 노력하는 것이다.

이렇게 혹독한 기간을 지나게 되면 경기는 점차 바닥을 보이게 되고, 경기는 다시 활력을 띠게 된다. 그 이유는 유동성 장세 때 기업으로 흘러들어간 돈이 드디어 결실을 맺는 시기가 돌아오기 때문이다. 생산 시설 준공 및 완공으로 공장 가동이 서서히 시작되면서 경기도 서서히 회복되기 시작한다.

# 7단계
# 경기 침체 & 바닥 시기

양적 완화 정책 혹은 저금리 정책 기조는 진행 중
금값의 하락과 원자재 가격의 상승 기지개
각 정부의 실물 경기 부양책(부동산 시장 활성화)
다시 시작되는 경기 사이클

## 양적 완화 정책 혹은 저금리 정책 기조는 진행 중

이 시기에도 미국을 비롯한 각국의 중앙은행은 돈을 푸는 양적 완화 정책을 추가적으로 진행하거나 금리 인하 정책도 계속 진행한다. 경기가 붕괴되고 막대한 통화 정책과 금리 정책으로 시장은 다시 일어날 상황이 되었지만 지나친 정책이 오히려 물가 상승을 부추기는 부작용까지 만들어낸다. 하지만 고금리 정책으로 소비 둔화와 시중에 있는 돈의 흐름을 은행으로 이동시킴으로써 물가를 진정시킬 수 있었다.

그러나 시중의 돈이 은행으로 옮겨가면서 경기는 다시 냉각 상태가 되었고, 이로 인한 피로감이 경기 회복의 저해 요소가 되면서 미국 연준은 다시금 정책 전환을 추진하게 된다. 이것은 시장으로 돈이 흐르게 하는 것으로 주식 시장과 같은 위험 자산에는 호재로 작동하고, 기업은 실적이 좋아지며, 가계도 다시 여유를 찾으면서 정상화 수순으로 가게 된다.

미국 연준은 이 시기에도 아직 경기가 회복되지 않는 것 같으면 시중에 돈을 풀어놓는 정책을 지속적으로 진행한다. 물론 이것은 시기의 문제로 시장은 곧 회복되고 경기 성장의 초입에 진입하게 된다. 그리고 이 시기에는 양적 완화 정책으로 풀리는 돈이 점차 줄어드는 모습을 보이기 시작한다. 왜냐하면 그동안 저금리 정책과 양적 완화 정책, 그리고 각국 정부의 재정 정책으로 경기가 살아나기 시작하는 모습을 보이기 때문에 이 시기에는 기존 정책을 이어간다. 하지만 출구 전략도 동시에 진행되는 시기이기도 하다.

또한 기업도 가계도 어느 정도 힘든 시기를 극복하면서 상황이 점차 진정되어가는 모습을 보이기 시작한다. 경기는 바닥을 보이기 시작하는데, 이때 미국 연준의 통화 정책과 금리 정책을 잘 보아야 한다. 이들은 물가가 조정되고 경기가 살아나는 상황이 되면 앞에서 언급한 것처럼 돈을 회수하려는 정책을 펼칠 것이다. 그래서 이 시기에 연준 의장의 발언들을 잘 이해하면 우리들도 경기 상황을 조금이나마 알 수 있게 된다.

투자자들은 실물 경기만 보고 투자를 할 수밖에 없다. 특히 이 시기에는 실물 경기가 살아난다는 것을 표면적으로 느낀다는 것이 사실상 어렵다. 결국 최상급 기관의 생각에 관심을 가지면서 투자자들은 경제 상황을 이해할 수밖에 없다. 이 시기는 특히 더 그렇다. 왜냐하면 이 시기에 바닥을 치고 실물 경기가 살아나고 있지만 개인이 느낄 수 있으려면 역시 시차가 있기 때문이다. 개개인이 느끼기 시작할 때 이미 주식 시장은 움직였다는 것을 알아야 한다.

그러나 시장은 조정을 겪게 될 것이다. 경기 붕괴 후 경기 하락, 그리고 둔화와 바닥을 거치면서 산업의 재고 사이클이 일어나기 때문이다. 그동안 경기가 회복하는 과정에서 진행된 산업 재고 사이클이 경기가 좋아지는 초입에서 잠시 진통을 겪게 되기 때문에 주식 시장은 경기 상황과는 달리 조정을 받을 확률이 높아진다. 앞 시기에 투자를 못한 투자자들은 이 시기를 놓치면 안 된다. 이 시기는 마치 애벌레가 나방이 되기 위해 거치는 번데기 시기와 비슷하다고 보면 된다.

## 금값의 하락과 원자재 가격의 상승 기지개

경기 둔화세가 이어지면서 금값은 경기 침체 우려에 따른 주식 시장의 하락으로 상승세를 유지했으나 점차 매수세가 줄어들면서 가격 하락을 보인다. 금은 주식 시장의 대체 자산 역할로 경기가 다시 확장되면 주식과 부동산으로 자본은 이동하게 된다.

지폐를 중심으로 한 경기가 상승하다가 갑자기 외부적인 요인과 내부적인 요인에 의해 하락하면서 지폐에 대한 신뢰도가 떨어지고, 그 지위가 약화되면서 이를 대체할 자산이 필요하게 된다. 이때 금이 지폐의 자리를 메우며 주식 시장과 반비례로 움직인다. 하지만 경기 침체 상태가 지속되면서 금 또한 수요가 더 이상 없어 자연스럽게 가격은 하락하고, 추가 하락을 두려워하는 투자자들마저도 투매하게 되어 금 가격은 지속적인 하락을 면치 못한다. 이 시기가 아닌 전 단계에서부터 금 가격이 하락할 수 있으나 이 시기에 금 가격은 하락의 마지막 부분이라고 보면 될 것이다. 왜냐하면 경기마저 호전되면서 금에 대한 매수세는 급격히 줄어들기 때문이다.

금 가격이 하락한다는 것은 주식 시장으로 자본이 흐를 수 있다는 것을 의미하고, 실제로 주식 시장은 경기 회복을 위한 기지개를 펴기 시작한다. 물론 한 차례 진통을 겪게 되는데 애벌레가 번데기를 뚫고 나오는 것 같은 상황이 연출된다. 그동안 대형주 중심의 주식 상승은 조정다운 조정을 보게 된다. 그 이유는 미국 연준의 금리 인상에 대한 언급이 있기 때문이다. 금리 인상은 저금리로 투자한 투자자에게 고민거리가 될 수 있다. 대출 상환을 위해 주식을 팔아야 할 수도 있다. 이와 더불어 기업들도 경기 둔화와 침체, 바닥을 거치면서 새로운 경제 상황을 맞이할 준비를 한다. 그러나 대세는 이미 경기 회복으로 가는 중이기 때문에 오히려 이 조정을 경기 상승 초입의 마지막 기회로 생각하고 잡아야 한다. 그렇지 않으면 곧 경기가 상승해 주식 시장은 활황을 이루기 때문에 좋은 수익을 가질 수 없을 것이다.

또한 원자재 가격도 경기 확장 국면으로 가기 전 단계이기에 서서히 상승의 기지개를 피기 시작한다. 원자재 가격은 경기 상황에 따라 움직이기 때문에 이 시기의 원자재 가격은 때로는 주식 시장보다 먼저 움직일 수 있다. 여기서 알아야 할 것은 경기 둔화와 바닥 시기의 석유 가격은 낮은 상태로 유지되기 때문에 경기 바닥에서 석유 가격이 상승한다고 불안해 할 필요는 없다. 그것은 산업 전반에서 석유에 대한 수요가 늘기 시작했다는 것을 의미하기 때문이다. 휘발유 가격이 상승한다는 것은 그만큼 운송이 바삐 움직이고 있다는 것을 의미하기 때문에 긍정적으로 봐야 한다.

## 각 정부의 실물 경기 부양책(부동산 시장 활성화)

각국의 정부는 그동안 금융 정책을 통한 부양 정책에서 본격적인 실물 경기를 살리기 위한 정책으로 변화를 꾀한다. 이 경우는 나라마다 시기와 부양 정책이 다르기 때문에 이 점을 잘 고려하기를 바란다. 그동안 경기 침체로 인해 방어적인 정책을 펼쳤다면 경기 회복을 위한 공격적인 정책으로 방향 전환을 하게 된다. 정부와 중앙은행은 그동안의 각종 지표를 바탕으로 정책에 활력을 불어넣게 될 것이고, 또한 정책에 대한 자신감을 보일 것이다. 이러한 상황을 국민들도 느낄 수 있게 각종 홍보 활동도 적극적으로 할 것이다.

실물 경기가 다시 살아나야 기업의 매출이 올라가고 좀 더 적극적인 생산 활동도 이루어지면서 고용이 이뤄지고 그래야 정부도 세수를 늘릴 수 있다. 정부는 실물 경기를 다시 살리기 위해 그동안 위축된 소비를 진작시키는 정책을 취하게 된다. 대표적으로 가계 소비를 진작시키기 위해 그동안 규제가 많았던 부동산 정책을 완화한다. 그동안 거래 절벽이었던 부동산도 정책이 완화되면 거래가 점차 살아나면서 매수자 우위 거래에서 매도자 우위 거래로 바뀌게 된다. 물론 주식 시장은 이미 움직이고 있다.

부동산 가격이 상승하면 그동안 위축되었던 소비가 살아나게 된다. 부동산을 매각하지 않았음에도 부동산 가격 상승에 따라 기분이 좋아지는 심리 효과로 소비가 살아난다. 이를 심리학에서 '기분 호전 효과'라고 하는데 실제 정부의 이런 정책은 소비 진작 효과를 보게 된다.

부동산 시장이 가격 상승과 함께 거래량이 늘어나서 활성화되면 이사와 같은 이동도 일어나고, 이로 인해 주변 상권도 살아난다. 그리고 정부는 매매를 통해 발생한 세금을 거둘 수 있어서 여러 가지로 소비를 살리는 데 효과를 보인다. 부동산 시장의 활성화 정책은 정부 입장에서든 가계 입장에서든 기업 입장에서든 모두 좋은 효과를 볼 수 있어서 각국의 정부가 많이 이용하는 정책이다. 그동안 경기는 매우 위축된 상황이었지만 정부는 경기를 다시 살리기 위해 부동산 시장 활성화 정책뿐만 아니라 다양한 정책을 적극적으로 펼치면서 경기 회복에 대한 기대를 차츰차츰 가지게 된다. 그러면서 미국 연준과 각국의 중앙은행은 금리 인상의 카드를 만지기 시작한다.

## 다시 시작되는 경기 사이클

이렇듯 각국 중앙은행의 경기 부양책과 각국 정부의 경기 방어 정책이 오랫동안 펼쳐지며, 경기 순환은 종점을 향해 간다. 그리고 중앙은행과 정부가 노력한 정책의 효과가 점차 눈에 띄면서 기업과 가계, 그리고 정부는 서서히 경기 회복에 대한 기대감을 가지게 된다. 투자자 입장에서도 주식 시장이나 부동산 시장이나 투자 여건이 살아나면서 경기 불황 탈출에 대한 기대감이 높아진다. 경기는 다시 회복 또는 성장 초입의 단계가 진행되면서 새로운 순환이 시작된다.

자, 지금까지 우리는 경기 순환과 자산 사이클에 대한 내용을 자세히 알아보았다. 각 경기 상황마다 일어나는 사건과 상황에 대해 말했지만 경제는 획일적으로 움직이지 않는다. 지난 세월 주식 시장에 몸담으면서 느낀 점은 항상 다양한 사건과 뜻밖의 사건이 발생하고 나서 해석을 한다는 점이다. 일이 일어나기 전까지는 앞으로 어떻게 변할지 아무도 모른다. 다만, 큰 그림에서 복잡한 사고가 아닌 일반적인 사고로 경기 순환에 대해 접하면 의외로 쉽게 이해가 되고 상황을 잘 판단할 수 있는 가능성이 높아진다. 너무 깊고 세세하게 접하면 경제에 대해 비관적 사고를 가지게 되어 올바른 주식 투자 전략을 수립하는 데 어려움을 겪는다. 그렇다고 이런 상황을 그냥 스치고 지나가게 되면 항상 경기 정점에서 투자하는 오류를 범하게 되니 올바른 주식 투자를 할 수 없게 된다.

이 책은 경제학자 같은 경제 전문가가 쓴 책이 아니다. 이 책은 다양하고 복잡한 주식 시장에 여전히 참여하고 있는 주식 투자자 입장에서 경기 순환에 대해 쓴 책이고, 각 경기마다 올바른 주식 투자 전략을 잘 수립하는 데 도움이 되고자 하는 차원에서 쓴 책이다. 주식 투자자는 각 분야의 전문가가 될 필요는 없다고 본다. 깊게 아는 것보다 얕더라도 두루 아는 습관이 필요하다. 참고로 주식 투자 시 수익률에 영향을 미치는 것들을 너무 깊게 알면 정보의 오류가 발생한다. 이것은 불안한 투자 심리로 확장되어 수익률에 영향을 미친다.

주식 격언 중에는 이런 말이 있다.

*"해는 내일도 다시 뜬다."*

이제 새로운 경기가 다시 시작된다. 그러나 머니 사이클은 이미 시작되었다. 이 책을 읽고 있는 지금이 언제인지 각 단계별로 다시 확인하기 바라며 이상으로 경제 상황별 투자 전략을 마무리 짓겠다.

# 새로운 10년 주기는
# 새로운 부의 시작이다

앞 장의 경기 순환은 경기 초입부터 시작한 순환이다. 그렇게 보면 경기가 좋은 실적 장세와 경기가 갑자기 붕괴되어 막대한 돈이 풀어진 유동성 장세, 그리고 경기가 둔화되는 역실적 장세로 볼 수 있다. 그래서 경기가 좋은 시절은 실적 장세의 중후반인 1~2년밖에 안 된다. 왜냐하면 나머지는 경기가 안 좋거나 회복하려고 하거나 경기 성장과 상관없이 돈 잔치만 벌이는 시기로 구성되어 있기 때문이다.

경기가 좋은 실적 장세는 대략 3년의 기간이고, 유동성 장세도 3년의 기간이다. 유동성 장세에서 돈이 풀려서 경제 활동에 영향을 미치려면 통상적으로 6~9개월이 경과해야 하고, 이후 인플레이션에 영향을 주려면 12~18개월이 걸리기 때문에 유동성 장세도 3년의 기간이 지나간다. 그리고 역실적 장세는 3~4년 시간이 경과하기 때문에 이 경제 순환 시간을 더하면 대략 10년이라는 시간이 예상된다.

경기가 좋은 실적 장세와 유동성 장세에서는 주식 투자를 하지만 경기 둔화 시기에는 안전 자산을 선호하게 되는데 이는 정말로 멍청한 짓이 된다. 경기가 안 좋을 때 경기 성장 기업이나 업종에 낮은 가격으로 투자할 수 있고, 경기가 좋을 때는 오히려 투자를 안 해도 된다. 왜냐하면 경기가 좋을 때는 기관 투자자나 개인 투자자들이 매수세에 적극적으로 참여하기 때문이다. 경기가 안 좋았을 때 가입했던 예금이나 채권, 그리고 연금저축 상품의 만기가 경기가 좋을 때 도래되기 때문에 이들 자금은 다시 주식 시장이나 부동산 시장으로 흘러들어올 확률이 높다. 거의 100% 유입된다고 해도 무방하다.

| 머니 사이클 |

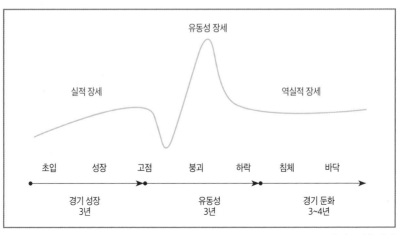

출처 : 저자 작성

그렇다면 투자자는 역발상적인 사고를 가져야 한다. 이 그래프 같은 10년 사이클에 약간 변형을 줘보자. 그러면 경기가 안 좋을 때 주식 투자를 안 하는 것이 얼마나 어리석은지 알게 된다. 경기가 안 좋은 시기를 앞에 두고 경기가 회복되고 성장이 되는 시기를 뒤에 둔다. 그리고 경기가 과열되어 갑작스러운 붕괴가 일어나 중앙은행의 적극적인 통화 정책과 금리 정책을 펼치는 유동성 장세를 맨 뒤로 놓게 되면 주식 시장은 다음과 같은 모습을 보인다.

| 머니 사이클 |

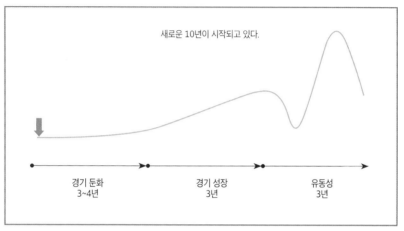

새로운 10년이 시작되고 있다.

경기 둔화
3~4년

경기 성장
3년

유동성
3년

출처 : 저자 작성

이것이 바로 새로운 10년의 모습이고, 부자가 계속해서 부자가 되는 경기 순환이다. 보통 사람들이 생각하는 10년 사이클과는 전혀 다른 모습이다. 그래서 부자들은 이 사이클을 통해 부의 증가 속도를 키우고 있는 것이다. 이것이 머니 사이클의 핵심이다.

이 순간 자신이 어느 위치에 있는지 알면 좋다. 만약 10년 사이클의 초입, 즉 경기가 안 좋은 시기에 있다면 매우 큰 행운을 잡게 되는 것이고, 만약 10년 사이클의 후반부에 있다면 큰 수익을 낼 수도 있지만 큰 손실도 볼 수 있다. 경기는 시시각각 변한다. 하지만 파도를 움직이는 것은 바람이다. 그 바람을 읽을 수 있으면 파도가 넘실거리는 바다에서 계속해서 고기를 잡을 수 있다. 물론 바람을 움직이는 것은 따로 있지만 말이다. 시세차익을 노리는 투자자든 단기 투자자든 중장기 투자자든 또는 데이 트레이더든 이 흐름을 읽고 상황에 맞는 전략을 수립한다면 좀 더 나은 수익률을 가질 수 있을 것이다. 뿐만 아니라 부동산 투자를 포함한 안전 자산, 심지어 사업에 대한 전략도 현명하게 세울 수 있으리라고 본다.

새로운 10년은 매번 온다. 하지만 이를 이해하고 흐름을 타는 사람과 흐름을 이해하지 못하고 시간을 흘려보내는 사람은 분명 큰 차이가 날 것이다. 이왕 열심히 사는 인생, 이 머니 사이클을 이용하면 삶이 더욱 풍요로워지지 않을까!

# 경제 순환과 머니 사이클, 그리고 우리 인생의 주기

　이번에는 경제 순환이 우리 인생에 얼마나 영향을 주는지 알아보자. 사람들은 운이 없다고 말하거나 때로는 운이 좋다고 말하기도 하고, 아니면 열심히 하면 잘 살 수 있다고 말한다. 그리고 누구는 하는 일마다 잘 풀리고 누구는 하는 일마다 잘 안 풀린다고 한다. 그러나 현실은 이상하게 꼬이는 경우가 종종 있다. 그러면서 운세를 보기도 하고 시간은 자꾸 흘러간다.

　사람마다 자라온 환경이 다르고 성격도 다르며 재능도 다르다. 이런 요소들은 제외하고 순전히 인생을 살아가다 보면 모두가 공통적으로 겪는 요소들이 있다. 그런데 모두가 공통적으로 겪게 되는 것들은 모두 경제적 상황과 연관되어 있다. 심지어는 태어나는 시기마저 이런 경제적 상황에 노출되어 있는지 모른다. 예를 들면 전쟁 시기에 태어나거나 미국에서 태어나거나 경제가 선진국이 된 시기에 태어나거나 등 어떻게 보면 경제라는 것에 지배를 받지 않고 산다는 것은 있을 수 없다. 이렇게 생각해보니 우리가 금융에 대해 공부하고 투자에 대해 공부해야 하는 이유가 명확해질 수밖에 없는 것 같다.

지금도 수많은 학생들은 수능 시험을 준비하고, 수많은 취준생은 취업 준비를 하고 있고, 또 수많은 사람들은 자기가 하는 일에 희노애락을 느끼고 있을지 모르고, 또 누군가는 은퇴에 대해 진지하게 생각하고 있을 것이다. 또 누군가는 노후 대책을 준비하고 있거나 노후의 삶에 대한 걱정을 하고 있을지 모른다. 사업을 하는 사장은 매출 신경을 쓰느라 밤잠도 못 이루고 있을 것이고, 어느 기업은 너무나 사업이 잘되고 있어서 사업 확장에 대한 고민을 하고 있을 수 있다. 그런데 이런 모든 고민과 문제에는 돈이 연관되어 있다. 바로 경제라는 것이 우리 삶에 깊숙이 자리 잡고 있어서 어찌 보면 우리는 경제에 종속되어 살아가고 있는지도 모른다.

지금부터 이야기할 내용을 통해 조금이나마 인생을 살아가는 데 도움이 되는 혜안을 가질 수 있었으면 하는 바람이다. 우선 경제 순환을 세 시기로 나누겠다. 유동성 장세, 경기 둔화 시기, 경기 성장 시기로 나누어서 우리 인생을 적용해보기로 하자. 다음 페이지 표의 빈칸은 각자가 스스로 기입하면 좋을 것 같아 비워두었다.

첫째, 졸업과 취업은 어느 시기에 하면 좋을까?
시기마다 다르겠지만 가장 취업하기 수월한 시기는 유동성 장세이다. 왜냐하면 이 시기는 돈이 많이 풀려 있는 상태고, 이때 기업들은 막대한 자금을 바탕으로 생산 활동에 대한 계획과 진행을 하기 때문에 일할 사람이 필요하다. 특히 이 시기에는 혁신산업과 태동산업들이 나오기 시작하기 때문에 특히 대기업이 구인난에 애로사항을 느낄 때다. 이 시기에 맞는 전공이라면 대학의 레벨과 상관없이 취업하는 데 큰 어려움을 못 느낄 것이다. 그러나 이러한 사항도 모르고 이 시기에 휴학하면 경기가 둔화되는 시기에 접어들어 취업하는 데 매우 어려움을 겪을 수 있다.

| 경제 순환 인생 주기 | 유동성 장세 3년 | 경기 둔화 3~4년 | 경기 성장 3년 |
|---|---|---|---|
| 주식 | | | |
| 부동산 | | | |
| 졸업, 취업 | | | |
| 퇴직 | | | |
| 스타트업 | | | |
| 자영업 | | | |

그러면 경기 둔화 시기에 졸업과 취업을 하는 사람들은 어떻게 해야 할까? 이 시기에는 전략적으로 경력을 쌓는 쪽으로 방향을 잡아야 한다. 대기업은 분명 취업문을 좁힐 것이다. 왜냐하면 유동성 장세 때 많은 사람들을 채용했으므로 경기 둔화 시기에는 채용 인원을 줄인다. 이때는 대기업에서 경력직까지 채용한 상황이므로 중견 기업은 고급 인재가 부족한 상황이다. 그리고 이 시기에 중견 기업은 고급 인재를 채용할 수 있는 시기라고 생각하고 있어서 가급적 중견 기업으로 취직하는 것도 좋은 방법이다. 이때 경력을 쌓고 있으면, 이후 경기 성장 시기에 대기업에서 그동안 투자한 생산 시설들이 준공되어 가동하게 될 때 경력직을 채용할 확률이 높다. 경기 둔화 시기에 경력을 쌓은 사람들은 경기 성장 시기에 대기업으로 옮겨갈 수 있는 기회를 잡게 될 것이다. 하지만 이 시기에 전략적인 취업 활동을 하지 않고 어려운 대기업 취업에만 매달려 시간을 보내게 되면 경기 성장 시기에 나이 제한, 수많은 사

람들과 치열한 경쟁을 해야 하는 등의 상황이 발생할 수 있다. 사실 경기 성장 시기가 신입사원 입장에서는 가장 취업하기 안 좋은 시기다. 취업 지원자도 많고 취업 준비를 다들 많이 한 상황이라서 치열한 경쟁이 발생할 수밖에 없다.

다음은 퇴직이다. 나는 퇴직자들이 가장 안타깝다. 졸업과 취업은 당시자 스스로가 시기를 결정할 수 있지만 퇴직은 당사자 의사와는 상관없기 때문이다. 만약 퇴직을 한다면 어느 시기가 좋다고 생각하는가? 아마 경기 성장 시기라고 할 것이다. 맞다. 이 시기는 은퇴자에게는 가장 위험 리스크가 적은 시기다. 반대로 경기 둔화 시기는 리스크가 가장 클 것 같지만 사실상 그렇지는 않다. 어려운 시기라는 것을 알기 때문에 매우 신중한 선택을 하는 시기이므로 나는 사실 이 시기에 퇴직하는 것을 제일 좋게 본다. 이때는 나름 공부를 많이 하게 되고, 몇 년간 다음 직업에 대해 준비하는 시간을 가질 수 있기 때문이다. 하지만 유동성 장세에 퇴직하는 것은 가장 리스크가 크다. 이 시기에 은퇴를 하면 은퇴 준비가 안 되어 있는 상황인데 이미 주식 시장이나 부동산 시장 및 기타 위험 자산 시장은 강세를 보이고 있기 때문에 사업 준비나 취업 준비, 이런 것에 관심을 가지기보다 오로지 투자 시장에 적극적으로 참여하게 된다. 오랜 세월 열심히 살아온 사람들에게 이것이 바로 가장 큰 리스크가 된다. 이 시기에 운이 좋아서 자산이 더욱 불어난 퇴직자가 있는 반면 이 시기에 퇴직금을 모두 날리고 빚까지 생긴 퇴직자도 생긴다. 퇴직자에게는 이 시기가 최고이자 최악의 시기가 된다. 그래서 이때 퇴직하는 사람들은 정말로 조심하고, 또 조심해야 한다. 금융 공부를 한다고 해서 살아남는다는 장담도 할 수 없는 시기다. 자영업도 마찬가지고,

창업도 이 시기는 잠시 좋다가 어려움에 봉착하게 되는 시기이므로 퇴직자는 이 시기를 잘 넘어가기를 바란다.

다음은 자영업이다. 자영업을 하기에는 아무래도 경기 성장 시기가 좋다. 조금 더 시기를 잡는다면 경기 둔화 시기 후반기가 좋다. 이때는 상가 임대가 잘 안 되는 경기 둔화시기로 접어들게 된다. 이 시기에 자영업을 하면 임대료에 대한 부담이 줄어들 수 있어서 개업하기에 좋은 시기로 본다. 물론 준비를 잘한 상태에서 개업해야 한다. 실제로 이 시기에 마트를 오픈해 경기 성장 시기에 마트를 운영하고 싶어 하는 사람에게 넘기고 돈을 번 지인도 있다. 안타깝게도 이 마트를 인수받은 사람은 그다음부터는 잘 안 된다. 왜 그럴까? 그것은 경기가 성장하는 시기에는 임대료도 상승하고 임금도 상승하기 때문에 제한된 매출에서 남는 이윤이 적기 때문이다.

젊은 사람들이 스타트업을 창업하는 경우가 있는데, 어느 시기가 좋을까? 정답은 경기 둔화 시기다. 잘 생각해보면 이 시기만큼 스타트업을 하기에 좋은 시기는 없다. 우선 임대료가 저렴해지고 금리 인하로 대출 이자에 대한 부담감이 줄어들고, 원자재도 가격 하락으로 비용이 줄어들고, 인재도 고급 인력을 적당한 임금으로 채용할 수 있다. 더불어 지자체와 정부는 경기 둔화 시기에 경기를 살리기 위해 각종 지원책을 내놓기 때문에 스타트업 입장에서는 유리하다. 그리고 운이 좋으면 벤처 캐피탈 자금도 받을 수 있다. 경기 둔화 시기에도 돈은 어딘가로 흘러가야 하기 때문에 혁신적인 기업을 찾아 돈을 투자하는 경우가 생기게 된다. 실제로 이때 비상장에 투자하라는 권유가 주변에서 들려올 것이다. 이 시기에 성공적으로 사업을 운영해 경기 성장 시기에 매출이 상 승하면 유동성 장세일 때 매각 또는 합병까지 고려할 수 있게 되거나 대기업으로 순식간에 자리를 잡기도 한다. 이런 사례는 주변에 많이 있 다.

주식 투자는 경기가 안 좋을 때 하는 것이고 부동산은 대출이 잘되어 야 하기 때문에 경기 둔화 시기에 정부 정책을 잘 보고 하면 된다. 상가 투자는 쉽지 않은 투자이기 때문에 신중할 필요가 있고, 건물은 대체로 모든 시기를 잘 지나가기 때문에 좋은 투자 대상이 된다. 하지만 공실이 나 지역, 그리고 세금과 대출 문제 등 복잡하기 때문에 이 또한 신중하 게 접근하기를 바란다.

인생은 타이밍이라고 한다. 결정의 순간에 올바른 판단이 필요하기 때문에 이런 말이 나왔는지도 모른다. 하지만 이런 경우를 제외하고 우 리 모두가 겪는 상황에 대해서 충분히 공부하고, 이해하고, 인내하면 올 바른 선택을 할 수 있다. 이 올바른 선택을 하기 위해 수많은 사람들은 공부하고, 경험을 쌓고, 어려움에서 재기하고, 성공하고, 이런 일련의 과정 속에서 인생의 풍요로움을 만들어가고 있다. 그 과정에서 경제 순 환과 머니 사이클을 이해한다면 좀 더 쉽게 각자가 원하는 풍요로운 삶 에 접근할 수 있지 않을까 싶다. 이번 장에 쓴 내용은 경제학에서도 나 오는 이야기며 내가 직간접적으로 겪었던 경험이기도 하다. 이제 시작 하는 젊은 세대나 퇴직을 앞둔 세대나 자녀들의 미래를 생각하는 부모 들에게 진심으로 도움이 되었으면 한다.

# 경기 순환이 일어나는
# 근본적인 이유는 무엇일까?

경기가 안 좋다가 다시 좋아진다고 하는데, 그 이유가 궁금하지 않은가? 우리는 가끔 당연하게 생각하는 것에 그다지 의문점을 가지지 않는 경향이 있다. 그러나 왜 그런지 알려고 하거나 누군가에게 물어보면 모른다는 반응이 나오곤 한다. 이와 마찬가지로 경기가 안 좋은 상태에서 어느 시기에는 경기가 좋아지는 것을 당연히 그런 줄 알고 있다. 하지만 그 이유를 제대로는 모른다. 나도 이런 경험이 있는데, 강의를 하고 있을 당시의 일이다. 어느 강의 중 수강생이 "지금 경기가 나쁜데, 어떻게 좋아지는 것인지 모르겠어요"라는 질문이었다. 아주 당연한 질문이었지만 나에게는 허를 찌르는 질문이었다. 수강생의 질문처럼 지금 경기가 나쁜데 왜 경기가 좋아지는지 생각해본 적이 있는가?

경기는 다시 좋아질 수밖에 없다. 그 이유는 아주 간단하다. 우선 경기가 안 좋으면 정부와 중앙은행은 시중에 돈을 공급하게 된다. 문제는 이런 돈은 당장 급한 곳에 사용되기도 하지만 그동안 못했던 사업을 할 수 있게 지원금 형태로 기업에게 흘러들어간다. 기업은 이 돈을 가지고 그동안 못했던 투자 활동, 즉 생산 시설 구축에 돈을 사용하게 된다. 이 시기에는 그동안 승승장구하던 자산 시장의 거품도 빠지고, 고금리 정책과 고물가로 인해 개인의 지갑도 닫힐 수밖에 없다. 이렇게 되면 당연히 경기는 어려워지고, 소비가 진작되지 않는 상태에서는 자산 시장도 활기를 띠지 못하고 물가가 하락하더라도 과거에 비해 물가가 오르지 않게 된다.

심리적인 상태에 따라 분위기가 달라질 수 있는데 이 부분이 경기를 더욱 어렵게 만든다. 하지만 경기는 좋아질 수밖에 없다. 왜냐하면 막대한 돈이 시중에 풀려 있고, 이 돈들의 상당한 금액이 새로운 공장을 짓는 데 사용되고 있기 때문이다. 지금 짓고 있는 공장이 준공되고 가동되려면 근로자가 있어야 한다. 이때 직원을 많이 채용하게 되는데 채용된 근로자에게는 급여가 지급되고 월급을 받은 근로자는 소비를 하게 된다. 그동안 살아나지 않았던 소비가 살아나기 시작하는 순간이다. 그전에는 심리적으로 아껴 쓰는 상황이었지만 지금부터는 다른 상황이 전개된다. 이렇게 소비가 진작되면서 각 기업들도 매출이 오르고, 매출이 오르니 월급도 인상이 될 수 있어 경기는 활기를 띠게 된다. 대출도 활발하게 이루어지고 새로운 창업의 기회도 늘어난다. 정부도 세수가 늘어나면서 각종 정책을 펼친다. 이런 활기 속에 정부와 지자체, 심지어 국회의원까지 표심을 얻고자 대규모 프로젝트를 발표하면서 산업과 자산 시장을 부풀린다.

그러나 이를 눈여겨보고 있는 이가 있다. 바로 중앙은행이다. 중앙은행은 시중에 다시 돈이 돌자 물가 상승과 자산 시장 상승에 천천히 재동을 걸기 시작한다. 바로 금리를 인상하는 것이다. 금리 인상은 경기가 좋거나 자산 거품이 일어날 때 하는 정책이다. 결국 경기가 살아나니 중앙은행은 조금씩 금리를 인상하면서 활기를 띠는 산업과 자산 시장에 속도 조절을 하게 된다. 이렇게 조절을 해도 계속되는 활기와 높은 금리에 더 이상 속도를 낼 수 없게 된다. 이때는 시중 은행에도 돈이 없다. 왜냐하면 높은 이자라도 매출로 버는 수익이 크기 때문에 돈을 빌리는 수많은 기업이나 사람들로 은행의 잔고가 거의 바닥이 나기 시작하기 때문이다. 높은 금리에 돈은 구하지 못하면 일부 기업들과 가계는 힘겨워진다. 결국 중앙은행은 금리를 인하해 숨통을 틔운다. 자산 시장에서는 고공 행진하는 자산 가격에 취해 사람들은 미래에 대한 부푼 계획을 세우게 된다. 하지만 일부 자산 시장의 자금은 은행으로 다시 흘러가게 되어 시장의 매수세가 점차 줄어들기 시작한다. 비싼 자산 가격과 수요자의 감소 등으로 자산 시장에서도 불안한 상황을 유지하게 된다.

결국 시장은 위험 신호가 발생하고, 각종 지표에 이상 징후가 나타나기 시작한다. 이 시기에 중앙은행은 금리 인하를 하지만 그 위험 신호는 그동안의 경기 흐름을 바꿀 수 없다. 주식 차트를 공부할 때 이런 말을 듣는다. "추세가 전환한다." 바로 경기 흐름이 호황에서 불황으로 추세가 전환된다는 것이다. 여기서 중요한 것이 더 있다. 추세 전환을 위한 직접적인 원인이 나타난다는 것이다. 그 형태는 다양하다. 자산 시장의 붕괴가 될 수도 있고, 어느 지역의 국가 부도가 날 수도 있고, 환율의 문제가 될 수도 있으며, 원유 가격의 폭등도 있을 수 있다. 또한 전쟁이 발발할 수도 있고, 코로나처럼 전염병이 전 세계를 강타할 수도 있다. 이런 상황이 갑작스럽게 터지면 모든 산업은 정지 상태로 가고, 자산 시장은 급격하게 붕괴된다. 결국 중앙은행은 다시 경제를 살리기 위해 시중에 돈을 풀고 금리를 전격 인하하는 정책을 펴면서 순식간에 식어가는 경제를 살려낸다. 바로 이러한 전개가 경제가 순환하는 근본 이유다.

# 각 경기별 주식 투자 전략은
# 수급을 이해하면 된다

각 경기마다 한 방향으로만 주식 투자를 하면 수익률이 그리 좋지 않을 것이다. 물론 훌륭한 기업을 오랫동안 보유하는 것도 좋은 전략이지만 좀 더 구체적으로 경기 상황별 접근 방법을 가지고 간다면 한결 시장의 흐름을 이해하는 데 도움이 될 것이다.

우선 주식 투자는 오로지 실적을 보고 투자하는 것이 아니다. 실적은 투자에 있어서 기본 바탕이 되는 것이지만 실적을 뛰어넘는 것을 볼 줄 알아야 한다. 그것은 바로 수급이다. 수급을 알려면 돈이 어디로 가고 있는지 알아야 하고, 또한 돈의 양이 많은지도 알아야 한다. 구체적인 흐름과 양을 우리는 제대로 알 수 없다. 하지만 경기 상황에 따라 돈을 어떻게 할지 상식적으로 생각해본다면 돈의 흐름을 충분히 이해할 수 있고 수급에 대한 것도 충분히 알 수 있게 된다. 돈은 수익성과 안정성으로 움직인다고 생각하는데 그렇지 않다. 정확히 말하면 수익성을 쫓는 방향과 안전성을 가지고 있으면서 이왕이면 수익성도 쫓는 방향도 있다. 예를 들어 경기가 안 좋다고 예금으로 간다고 하는데 이것은 안전성과 이자라는 수익성을 동시에 가지고 있기 때문에 은행으로 돈이 흘러가는 것이다. 다시 말해 우리가 알고 있는 것과 달리 돈은 수익성을 제일 우선시한다. 실제로 그렇지 않은가? 이에 대해 글로벌적으로 살펴보고, 기업의 규모로도 한번 살펴보자.

우선 경기가 좋지 않은 시기에 돈은 어디로 흘러갈 것 같은가? 나라로 보면 어디로 갈 것 같은가? 당연히 미국으로 간다. 그리고 미국으로 간 돈은 주식 시장에서 모든 기업으로 흘러들어갈까? 정답은 아니다. 돈은 경기가 안 좋기 때문에 안전성이 담보되지 않는 중소형 기업들로 흘러가지 않고 현금 보유가 많고 고금리에 수혜를 볼 수 있는 시가총액 최상위 기업으로 흘러가게 된다. 그래서 이 시기에는 미국 주식 시장의 시가총액 최상위 기업들에 돈이 몰리면서 주가는 이들 기업만 상승하는 현상을 전 세계 투자자들은 보게 된다. 이렇게 돈이 미국으로 흘러가면 달러 강세도 나타나 미국을 제외한 대부분 나라들의 주식 시장은 좋지 않은 상황을 맞이하게 된다. 전 세계 자본이 아무리 많다고 해도 유한하기 때문에 이 시기에 돈이 한쪽으로 쏠리는 현상을 보게 되는 것이다. 특히 이 현상은 고금리로 인한 금리 인하 전후에 나타나기 시작하며 본격적으로 경기 둔화 시기로 진입하면 더욱 심화되어 미국을 제외한 전 세계 증시는 불안한 모습을 겪게 될 것이다. 이 시기에는 미국 주식 시장에서 시가총액이 압도적으로 높은 기업들에 투자하면 좋은 결과를 얻을 수 있다.

자, 그러면 경기가 살아나면 어떻게 될까? 미국보다 미국 외 나라의 주식 시장이 수익률 측면에서 좋다. 그 이유는 경기가 안 좋은 상황일 때 돈이 한쪽으로 쏠렸는데 경기가 살아나면서 쏠림 현상이 완화되어 미국 내 중소형 기업이나 한국과 같은 나라의 주식 시장에 돈이 흘러가게 된다. 이들 기업과 나라들은 주식 시장이 작은 관계로 적은 양의 매수세만으로도 주가가 급등하는 모습을 보여준다. 이 시기에 미국의 시가총액 최상위 기업들의 주가 상승률보다 한국 주식 시장의 수익률이 훨씬 높은 이유가 바로 수급이 전방위적으로 흩어져서 그런 것이다.

마지막으로 유동성 장세에서는 기존의 돈의 양과 함께 더 많은 통화가 발행되면서 주식 시장에 수급이 확 늘어나게 되어 그 시기 자산 시장은 호황을 누린다. 유동성 장세일 때는 미국 연준의 양적 완화 정책으로 저금리 대출이 크게 생겨나고, 이 대출금은 주식 시장으로 흘러들어 주가를 상승시키는 막강한 매수세가 된다.

이상으로 경기별 상황에 따른 주식 투자 전략을 살펴보았는데, 경기별로 주식 투자 접근 방법을 하나만 고집할 수 없다는 것을 알 수 있었다. 그 시기적 상황에 맞춰 주식 투자 전략을 수립한다면 분명 좋은 결과가 있을 것이다. 따라서 투자자들은 돈의 성질을 잘 이해해야 하고, 그 이동을 잘 살펴야 할 것이다.

# PART

# 03

---

## 주식, 투자, 산업, 경제, 기회, 머니 사이클에 미치는 영향들

# 인플레이션에 대한 이해와
# 투자 전략(통화량)

우리는 살면서 물가에 민감하게 반응한다. 물가는 가계 경제에 직접적인 영향을 주기 때문이다. 뉴스에서 한국은행이 발표하는 물가는 안정적이거나 낮게 발표되곤 하고, 뿐만 아니라 우리 삶에 영향을 주는 경기는 별로 좋지 않은데 통계에는 경기가 좋게 나오는 경향도 있다. 그것은 실물 경기와 통계상의 경기에 큰 차이가 나타나기 때문이다. 투자자들은 이러한 현상의 원인을 알아야 하고, 그 의미를 잘 이해해야만 현명한 주식 투자를 할 수 있다.

먼저 인플레이션에 대해 알 필요가 있다. 인플레이션은 간단하게 말하면 물건 가격, 즉 물가가 오르는 현상을 말한다. 한번 생각해보자. 우리가 살면서 물가가 안 오른 적이 있을까? 물가는 계속해서 올랐다. 인플레이션 시대에 살고 있기에 인플레이션이 가지고 있는 의미를 정확히 알 필요가 있다. 인플레이션은 물가가 오르는 현상이다. 인플레이션은 착한 인플레이션과 나쁜 인플레이션으로 나눌 수 있다. 착한 인플레이션은 물가가 오르면 기업의 마진율이 상승되며 근로 소득이 늘어나고 이로 인해 가계 소비도 진작되어 이는 정부의 세수 정책에 도움을 준다. 즉, 물가가 적당히 오르는 것은 경기에 긍정적인 측면이 있다. 반면 나쁜 인플레이션은 급격한 물가 상승으로 가계 경제에 타격을 주고, 화폐 가치가 급격히 낮아지면서 경제에 악영향을 미치는 현상이다.

인플레이션의 또 다른 의미는 통화량 증가다. 예를 들면 10년 전 자장면 가격이 3,000원 했다면 지금은 6,000원 한다. 자장면의 내용물은 변함없는데 가격만 상승한 것이다. 다시 말해 통화량 증가란 과거에는 3,000원만 있으면 자장면을 먹을 수 있었는데 지금은 3,000원에 추가로 3,000원을 더 지불해야 먹을 수 있다는 의미다. 정리하면 물건에 비해 화폐의 통화량이 증가했고 오히려 화폐의 가치는 과거에 비해 하락했다는 것을 알 수 있다.

이러한 인플레이션 시대에 살면서 한 가지 더 알아야 할 것이 있다. 바로 우리의 근로 소득과 자산 소득이 물가 상승률보다 낮으면 가계 경제에 문제가 발생하게 된다는 사실이다. 명절 전에 갑자기 야채 가격이 급등하면 우리는 물건 가격이 오르는 것을 두고 매우 불만을 토로하게 된다. 이유는 소득은 안 오르는데 물가만 갑자기 올라서 마치 앉아서 도둑맞는 기분이 들기 때문이다. 바로 이점이 인플레이션 시대에 살고 있는 우리가 알아야 할 사항이며 소득이나 자산이 물가 상승률보다 낮으면 우리는 무조건 손해를 보게 된다.

물가는 계속해서 올라갈 확률이 높다. 그렇다면 우리의 근로 소득과 자산 소득은 어떻게 할 것인가? 임금 상승률은 빈익빈 부익부가 심화되고 있어서 근로소득자의 50% 이상이 물가 상승률보다 아래에 위치해 있고, 은행은 저금리 수준으로 예금 금리가 형성되고 있어서 자산 소득 상승률 또한 쉽지 않은 시대에 우리는 살고 있다.

이 점을 이해하지 못한다면 아무리 열심히 일해도 항상 부족한 상황을 겪을 것이고, 자산 배치의 오류를 범하게 될 것이다. 물가 상승률보다 많이 나오는 자산이 무엇인지 늘 공부해야 하고, 주식 투자도 투자 대상 기업의 투자 기대 수익률이 물가 상승률보다 높은지, 낮은지 잘 살펴보고 투자 결정을 내려야 한다.

# 돈은 살아 움직이는
# 생물이다

돈은 살아 숨 쉬는 생물과도 같다. 인생을 살면서 때로는 돈이 밀물처럼 몰려오기도 하고, 때로는 돈이 썰물처럼 빠져나가는 경험을 하곤 한다. 오랫동안 주식 투자를 하다 보면 이러한 현상을 매순간 겪게 된다.

"돈은 몰려다닌다."

돈은 왜 몰려다닐까? 돈의 속성을 알고 나면 이해할 수 있는 말이다. 돈의 속성은 크게 두 가지로 나눌 수 있다.

첫째, 수익률을 쫓아다닌다!

둘째, 안정성과 수익성을 최우선으로 한다!

돈은 투자 수익률이 좋다고 하면 작은 돈 뭉치든 큰 뭉치든 투자 수익률이 높은 곳으로 몰려다니는 속성이 있다. 작은 돈 뭉치는 주식 투자 세계에서 흔히 급등주라는 곳으로 몰려다니는 경향이 있고 큰 돈 뭉치는 대형주 위주로 몰려다니는 경향이 있다. 급등주로 몰리든 대형주로 몰리든 중요한 것은 내 돈이 어디로 가는 게 맞는지 고민하는 것이다. 유행처럼 급등주에 돈이 몰리면 그 유행이 끝나고 나서는 물건 가격을 크게 할인하듯 급등주의 주가도 크게 하락한다. 순식간에 몰리고 순식간에 빠져나가면서 매매 차익이 발생하는 순간이다. 대형주도 예외는 아니다. 경기가 안 좋으면 외국인 투자자들이 주식을 팔아서 환전해 자금이 이탈하게 되고 경기가 좋으면 외국인 투자자들은 주식을 사기 위해 환전해 자금이 유입된다. 즉, 돈은 때로는 수익률을 쫓기도 하지만 아무리 좋은 기업이라도 때로는 안전함을 최우선으로 추구하기 때문에 해당 주식을 매도해 현금화하거나 조금이라도 수익이 나면서 안전한 투자처를 향해 찾아간다. 대표적으로 외국인 투자자들은 세계 경기가 좋으면 미국 기업들뿐만 아니라 한국 기업들에도 투자하기 때문에 경기 상승 시 달러가 강세가 되는 경우는 극히 드물다.

| 한국의 기업이익과 달러/원 환율 |

출처 : 한국은행

앞의 그래프를 보면, 한국 기업들이 이익이 날 때 외국인 투자자들은 원화로 환전해 한국 기업에 투자하기 때문에 원/달러 강세를 볼 수 있다.

| 코스피와 달러/원 환율 |

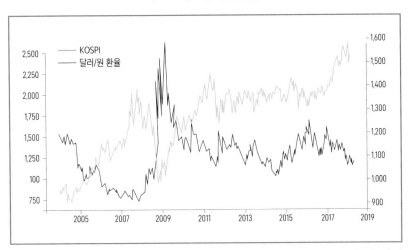

출처 : 한국은행

앞의 그래프는 종합주가지수와 달러/원과의 상관관계를 나타내는 그래프다. 역시 달러/원이 약세일 때 종합주가지수는 좋아지고, 달러/원이 강세일 때 종합주가지수는 나빠진다는 것을 알 수 있다.

또한 흥미로운 사실은 어떤 상황이 발생하기도 전에 돈이 미리 눈치를 채고 움직인다는 것이다. 예를 들면 경기 지표 측면에서도, 실제 체감 경기 측면에서도 경기가 호황임에도 불구하고 주식 가격이 하락하는 경우가 있다. 물론 고점이기 때문에 매도하고 나오는 경우도 있지만 문제는 더 갈 수 있음에도 불구하고 안전함을 추구해서 돈이 주식 시장에서 빠져나가는 경우다. 반대로 경기는 안 좋은데도 돈이 유입되어 주가가 상승하는 경우도 있다. 즉, 돈이라는 물질은 매우 눈치가 빠르기 때문에 살아 움직이는 생물이라고 할 수 있다. 투자자가 이런 돈의 흐름을 미리 예측할 수는 없을 것이다. 하지만 이 돈이 어디로 움직이고 있는지 예측할 수는 있다. 따라서 투자자는 이런 돈의 쏠림 현상과 이동 현상에 관심을 가져야 한다.

앞 장에서 언급했듯이 성장이 좋았던 시절에 돈은 다양한 곳으로 흘러갔으나 점차 저성장이 되면서 돈은 제한된 곳으로 선택적으로 이동하게 된다. 대부분 산업의 성장이 낮은 상태이기 때문에 성장이 높은 투자 자산으로 제한적으로 몰리게 된다. 돈은 과거에 비해 세상에 많이 풀어져 있는 상태고, 성장이 높은 투자 자산이 제한적이면 해당 투자 자산에 돈이 몰려서 가치는 올라갈 수밖에 없게 된다. 우리나라 거래소 시장의 시가총액 최상위 기업들과 미국의 시가총액 최상위 기업들이 대표적인 예라고 보면 된다. 저성장이 지속되면 이들 기업의 주가 상승률은 더 높아질 것이다.

# 자본주의의 본질은 미국 주식 시장의 상승에서 답을 찾을 수 있다

자본주의란 무엇인가? 굉장히 어려운 질문이다. 노벨경제학상을 수상한 학자들도 자본주의에 대해 한마디로 정의 내리기란 쉽지 않다. 자본주의는 영어로 'Capitalism'이라고 하는데 사전적 용어로는 '자본을 끌어들여 경제적 이윤을 추구하는 경제 체제'를 말한다. 간단하면서도 어려운 말이 아닐 수 없다. 이 책에서는 경제적 용어와 체제에 대해 언급하지 않겠다. 투자 관점에서 자본주의에 대해 말하고자 한다. 자본은 지속적으로 움직인다. 즉, 돈은 수익성을 찾아 돌아다니거나 때로는 안정성을 우선으로 여기저기 돌아다니게 된다. 나는 투자 세계에서 이것을 자본주의의 본질로 본다.

돈이 모이는 곳에는 분명 투자 수익률이 생길 수밖에 없다. 왜 그럴까? 돈이 계속 모이면 해당 투자 대상에 대한 가치가 높아지고 투자 수익률이 상승할 수밖에 없기 때문이다. 이 돈들이 빠져나가게 되면 해당 투자 대상의 가치는 하락하게 된다. 이것이 투자 관점의 자본주의다. 돈이 모이는 곳에는 그만큼 기회가 많아지게 된다. 개인이나 기업이나 국가나 마찬가지다. 이와 반대로 돈이 없으면 그만큼 기회는 줄어들게 된다.

　한국의 부동산 시장을 보자. 돈이 몰리는 지역은 어디인가? 강남이다. 이 지역은 계속해서 돈이 몰리기 때문에 가격이 상승할 수밖에 없다. 주식 시장도 마찬가지다. 전 세계 주식 시장 중 큰 곳이 어디인가? 미국이다. 그리고 어디에 집중적으로 돈이 모이고 있을까? 나스닥 시가총액 10위권 기업들에 돈이 몰려 있다. 그러니 이들 기업은 지속적으로 성장할 수밖에 없다. 이러한 돈의 흐름이 바로 자본주의의 본질이다.

　자본주의는 경제 성장의 기회로 시작하는 경제 체제라고 생각한다. 물론 부작용도 있다. 하지만 돈은 인류 문명을 발전시켜준 생명과도 같다. 탐욕적인 부분만 보지 말고 긍정적인 면도 함께 보기를 바란다. 자본주의에 사는 투자자는 사물이나 사회 현상을 볼 때 입체적으로 들여다보는 능력을 가져야 하고, 이 능력은 본질을 읽어내는 혜안이 된다. 돈이 있는 곳에 이익이 있고, 이익이 있는 곳에 세금도 있다. 세금이 있다면 복지도 있게 되고 국방도 있게 된다. 이러한 시스템이 잘 움직이는 나라가 어디일까? 바로 미국이다. 달러는 기축 통화의 지위를 가지고 있고, 국방은 넘사벽의 힘을 가지고 있으며, 돈은 언제든지 무제한 찍어낼 수 있는 나라가 바로 미국이다. 돈은 미국에 몰려 있고 개인이나 기업들은 다른 나라와 비교해 수많은 기회를 가지고 있으며, 기회가 있으니 전 세계 인재는 미국으로 몰려가는 것이다. 이것이 바로 투자 관점의 자본주의인 것이다.

# 미국 연준의 통화 정책의 본질은
# 물가 안정에 있다. 그런데 왜?

미국 연준은 화폐를 발행하기도 하지만 발행된 통화량을 조절하기도 한다. 미국 연준이 통화 정책과 금리 정책을 펼치는 것에 대해서는 앞 장에서 배웠다. 그런데 미국 연준의 통화 정책의 본질은 진짜 무엇인지 알아야 주식 투자를 잘할 수 있다.

인류 문명이 발달하게 된 것은 화폐가 나오면서다. 과거에는 물물 교환으로 경제가 돌아가긴 했으나 성장이 이루어지지는 않았다. 이후 화폐가 금이나 은과 같은 광물에 의해 변하면서 경제는 점점 성장하는 모습을 보였고, 급기야는 종이가 화폐가 되면서 인류는 급속도로 발전하게 되었다. 인류가 발전하게 된 배경을 언어 그리고 수학, 과학 등으로 이야기할 수 있지만 이를 뒷받침해준 화폐가 없었다면 인류 성장은 불가능했을 것이다.

특히, 콜럼버스의 신대륙 발견은 신대륙을 발견한 것에만 초점을 맞추는데 신대륙이 발견될 수 있었던 것은 당시 콜럼버스에게 돈을 대준 벤처 투자자들 덕분이다. 이들이 투자하지 않았다면 지금의 현대사는 있을 수 없다.

그런데 금을 중심으로 한 경제와 지폐를 중심으로 한 경제는 성장의 강도에서 차이를 발견하게 된다. 금을 중심으로 한 경제는 제한된 화폐가 유통되기 때문에 모든 사람에게 세상을 바꿀 기회와 행복해질 수 있는 기회가 주어지지 않는다. 일부의 제한된 사람들에게만 그 기회는 주어지고 유지된다. 대신 물가는 안정적일 수 있다. 그런데 현대에 들어서 물가가 안정적이라는 것이 꼭 좋지만은 않다는 것을 일본이나 중국의 사례를 통해 우리 모두 알고 있다.

지폐를 중심으로 한 경제는 금을 중심으로 한 경제와는 달리 많은 사람들에게 필요한 돈을 줄 수가 있어서 세상을 바꿀 기회와 풍요로워질 수 있는 기회가 모두에게 주어지면서 경제는 고도성장하게 되었다. 하지만 돈이 많이 풀리면 물가는 상승할 수밖에 없고, 그 와중에 심한 고물가와 인플레이션으로 전쟁까지 일어나는 상황도 생기게 된다. 뿐만 아니라 모두에게 기회가 주어지다 보니 막연한 희망에 돈이 집중되면서 버블 현상도 일어나게 된다.

그래서 경기에 따라 경제학자들은 금본위 체제에 대해 언급하기도 하는데, 개인적으로 이것은 절대로 잘못된 생각이라고 본다. 돈을 잘 통제하고 관리해야지 경제 성장을 저지하고 일부의 사람들에게만 기회가 주어지는 경제 체제는 인류를 더 이상 성장하지 못하게 하는 것이라고 생각한다. 특히 투자자라면 말도 안 된다고 생각해야 한다.

이렇게 돈은 좋은 점도 있지만 자칫 통제하지 못하면 위험한 점도 있다. 중앙은행의 역할은 바로 돈을 통제하고 관리하는 것이다. 미국 연준은 전 세계 달러를 적당히 통제하고 관리하는데, 특히 경제가 어려울 때는 금리를 인하해 경제를 계속해서 움직이게 하고 물가가 상승하면 물가를 잡기 위해 적당한 압박을 가해 경제 성장을 지속시키려고 노력한다. 즉, 중앙은행을 자본주의의 항해사로 부를 수 있다. 바로 미국 연준 말이다! 그래서 중앙은행은 행정부와 입법부, 그리고 사법부로부터 독립적인 기관으로서의 역할을 해야 한다. 정치적 중립성도 중요하지만 오로지 항해에만 집중해야 한다.

자, 그렇다면 주식 투자는 계속해서 성장할 수밖에 없다. 중앙은행은 돈을 계속해서 공급할 것이고 물가는 상승하며, 막대한 돈은 수익률을 좇아 돌아다닐 것이다. 그러다 보면 경제는 새로운 혁신에 의해 더욱 성장을 이어가게 되고 투자자들은 막대한 수익을 챙기게 된다. 대신 물가 조절이 있기 때문에 경제는 순환하게 된다. 물가 조절은 금리 정책으로 하기 때문에 경제는 부득이하게 나빠질 수도 있다. 투자자는 이러한 본질을 이해하면 주식 시장에서 좋은 투자를 할 수 있다. 뭐든지 본질을 이해하려고 노력해야 한다. 그러면 투자의 지혜가 열릴 것이다.

# 돈이 시중에 있는지 아니면
# 은행에 있는지 알아야 한다

경기가 호황이거나 불황일 때, 그리고 주식 시장이 좋을 때와 나쁠 때를 어떻게 알 수 있을까? 복잡한 경제 지표를 통해 알 수도 있지만 이것보다 아주 쉬운 방법이 있다. 그것은 바로 시장의 분위기다. 시장의 분위기는 예를 들면 소비자가 물건을 살 때 쉽게 사는가 아니면 안 사거나 싼 물건을 살 것인가 고민하는 모습에서 알 수 있다. 당연히 경기가좋을 때는 소비 행위가 쉽게 이루어진다. 하지만 경기가 안 좋다고 느낄때는 소비 행위가 위축될 수밖에 없다.

투자 세계도 마찬가지다. 매수세가 많은지 아니면 적은지를 잘 살펴야 한다. 이럴 때 일반적으로는 투자 거래량으로 확인할 수 있다. 거래량이 왕성하다는 것은 매수와 매도가 많이 이루어지고 있는 것으로 투자 시장이 좋다고 보아야 한다. 반면에 거래량이 줄어들거나 적다면 투자 시장은 위축되는 모습을 보여 가격 하락으로 이어지게 된다. 이것은어느 하나 예외가 없으며 주식, 부동산 외 모든 자산 시장에 적용되는 사항이다.

　소비 행위를 할 때, 투자 행위를 할 때 돈이 움직여야 한다. 그렇다면 쉽지는 않지만 이 돈의 흐름은 어떻게 하면 알 수 있을까? 바로 금리에 그 힌트가 담겨 있다. 기준금리에 따라 돈이 시중에 있는지 아니면 없는지를 알 수 있다. 돈은 움직이는 생물과 같다. 우선 돈은 수익성과 안정성을 동시에 추구하는 편이다. 수익성과 안정성을 구분해 돈은 움직이지 않는다. 은행 예금에 돈이 몰릴 때도 수익성까지 고려되어 돈이 움직이는 것이지 단순히 안정성 때문에 은행에 돈이 흘러가는 것은 아니다. 또는 리스크가 있더라도 그 이상의 수익이 발생할 것이라는 기대로 돈은 위험 자산으로 흘러가기도 한다.

　우선 은행 금리가 높아지면 돈은 은행으로 옮겨 갈 확률이 높아진다. 특히 경기가 안 좋은 상태에서 위험 자산의 변동성이 크고 금리가 높은 상황이라면 돈은 은행으로 갈 확률이 높아지게 된다. 특히 돈은 주식 시장에서 빠져나와 이자를 많이 주는 은행으로 옮겨가게 될 것이다.

　또한 금리가 높다는 것은 그만큼 물가 상승률도 높다는 것으로 경기가 안 좋은 상황에서 물가까지 높으면 소비를 덜 하게 되고 대신 금리가 높은 은행으로 돈이 흘러가게 된다. 이렇게 되면 소비가 진작되지 않아 기업은 적극적으로 생산 시설 및 연구 개발에 돈을 쓰지 않고, 이는 곧 신규 고용 창출에도 악영향을 주게 된다. 결과적으로 경기 회복이 더뎌질 수밖에 없다. 결국 악순환이 반복된다. 은행도 이 시기에는 매우 불편할 수도 있다.

　고금리의 상황은 예금 위주의 상황이기 때문에 시중에 돈이 돌지 않고 있다는 것을 의미한다. 회사채를 발행하는 기업들도 고금리로 이자 발행을 해야 하고 이런 상황에서 돈을 빌려주는 사람들은 아무리 고금리로 이자를 받는다고 해도 무조건 좋을 수가 없다. 왜냐하면 경기가 안 좋은 상황에서 높은 이자를 받는다는 것은 굉장히 리스크가 크기 때문에 회사채 시장에서도 돈이 원활하게 흐르지 않게 됨으로써 일부 기업들은 파산을 신청할 수밖에 없게 된다.

이런 분위기는 주식 시장에서 시차가 있을 뿐 결국 영향을 미치게 되어 매수세가 줄어들고, 주식 시장 하락을 가져온다. 주식 시장도 안 좋아지면 투자자들도 적극적인 투자에 나서지 않게 된다. 이렇게 되면 주식 시장의 약세로 주식 시장에서 자금을 조달하는 것도 여의치 않게 된다.

반대로 기준금리가 내려가서 시중 은행의 예금도 내려가면 돈은 수익성이 너무 낮은 은행 예금보다 리스크가 있어도 주식 투자나 부동산 투자로 이동할 확률이 높아진다. 회사채 시장도 어느 정도 활성화되기 시작한다. 소비 시장도 아무래도 물가도 안정화되고 금리가 낮은 상황에서는 가계 비용 부담이 줄어들면서 소비를 늘릴 수 있는 여건이 마련되기 시작한다. 이렇게 가계로, 기업으로, 투자처로 흘러간 돈은 경제와 산업, 그리고 사회까지 모든 곳에 긍정적인 영향을 주어 경기가 좋아지는 선순환을 맞이하게 된다.

여기서 투자 전략으로는 금리가 하락 기조로 바뀌면 투자 시기로는 최적의 시기가 된다. 왜냐하면 금리를 인하하는 것은 시중의 돈이 은행에 몰려 있고, 경기는 어려워지고 있기 때문에 결국 돈은 다시 은행에서 벗어나 시중으로 흘러갈 수밖에 없기 때문이다. 이때 투자 자산들은 대체로 낮은 가격을 형성하고 있어서 투자하기에 좋은 시기가 아닐 수 없다. 물론 일부 주식 시장은 강세를 보일 확률이 높다. 왜냐하면 금리를 인하하면 기업에는 분명 호재로 작용하기 때문에 선취가 일어나 주식 시장은 다른 양상을 보이게 된다. 특히 미국 주식 시장이 이 시기에 강세를 보인다.

따라서 투자자들은 현명한 투자를 하기 위해서 자국보다는 전 세계 경제를 움직이고 있는 미국 기준금리에 관심을 가져야 한다. 자본주의는 돈에 의해 움직이는 사회이기 때문에 투자자는 돈의 흐름에 대한 공부를 지속해야 한다.

# 기업은
# 인플레이션을 먹고 자란다

주가는 주식회사의 주당 가격이다. 주가를 이렇게 단순하게 해석한다면 1차원적이라고 보아야 한다. 많은 투자자와 전문가들은 주가에 대해 1차원적인 해석만 하는 경향이 있다. 그 이유는 주식 투자를 시세 차익 관점에서 보기 때문이며, 그때는 실적만 보고 판단한다.

주가의 움직임은 그렇게 단순하지 않다. 주가는 해당 기업의 유형 자산과 브랜드, 특허, 기업의 신뢰 등 많은 보이는 자산과 보이지 않는 자산까지 모두 표현해주는 지표이자 회사의 얼굴이다. 주가가 상승한다는 것은 해당 회사의 가치가 커진다는 것과 같은 의미로 주가가 하락한다는 것은 해당 회사의 가치가 줄어든다는 것과 같은 의미다.

주식회사의 자산 가치는 사옥이나 공장 부지처럼 부동산도 있고, 제품 재고도 있고, 충성도 높은 고객도 있고, 특허나 고객의 사랑을 받는 브랜드도 있다. 여기서 알 수 있는 점은 주가가 상승하는 것은 단순히 매출에만 이유가 있는 것이 아니라는 점이다.

주식회사의 자산 가치가 상승할 수 있는 요소로는 유형의 자산인 부동산이 있고, 매출로 발생한 이익금도 있으며 기타 다양한 요소들이 있을 수 있다. 부동산 가격이 상승하면 회사의 자산 가치는 자연히 상승하게 되며 물건 가격이 상승하면 당연히 매출도 상승하게 된다(물론 인건비나 부품 비용도 늘어난다).

결국 주가는 부동산의 가치와 물가, 그리고 영업이익 등이 모여서 만들어진 해당 회사를 표현해주는 가치표현 수단이라고 보면 된다. 다시 말해 주가는 인플레이션으로 먹고 자란다고 봐야 한다. 인플레이션이 지속되는 한 기업의 가치는 상승할 수밖에 없을 것이고, 해당 주가는 변동성은 있지만 결국 우상향 그래프를 그린다는 것이 주식 투자의 핵심 포인트라고 볼 수 있다.

세계적 투자 전략가 제레미 시겔(Jeremy J. Siegel)이 각 자산의 투자 수익률을 비교한 것도 같은 의미가 존재한다고 보면 된다. 실제 그의 저서에도 나오지만 주식 투자 수익률은 긴 시간 동안 볼 때 점점 다른 자산과 차이가 발생한다. 인플레이션이 진행되면 될수록 채권 수익률과 현금(달러)의 가치는 떨어지는 반면 주식 수익률은 계속 상승한다.

물론 단기 변동성을 두고 본다면 주식 투자 수익률은 다른 자산에 비해 변동성이 크기 때문에 이 변동성이 장기 투자를 하는 데 단점으로 작용하고 있다. 하지만 경제 성장 주체가 기업이라는 점에서 볼 때 다른 자산은 경제 성장 주체로서의 역할이 제한적이지만 경제가 성장하면 할수록 주식 투자가 다른 자산에 비해 더 성장한다고 봐야 한다.

# 물가에 미치는
# 주요 3요소

　물가는 경제 성장과 매우 밀접한 관계를 가지고 있다. 어떻게 보면 물가 자체가 경제인 것 같아 보일 때가 있다. 그만큼 경제에 미치는 영향이 매우 크기 때문이다. 물가는 다른 말로 물건 가격의 줄인 말이기도 하다. 즉, 물건 가격이 경제 미치는 영향은 매우 대단하다.

　물가가 상승하면 소비는 줄어드는 것이 상식이며 현실이다. 하지만 좀 더 상황에 맞춰 본다면 꼭 그런 것만은 아니다. 경기가 좋을 때도 물가는 상승한다. 그 이유는 소득이 증가한 가계가 소비가 증가하면서 공급보다 수요가 많기 때문에 물건 가격을 인상해도 충분히 소비되기 때문이다. 실제로 경기가 좋아 금리가 인상하는 시기는 금융 비용과 물가가 상승해도 일상이 그렇게 힘들지 않다. 소득의 안정적인 증가와 자산 증가에 따른 소비 심리가 작용하기 때문이라고 볼 수 있다.

　경기가 안 좋으면 소비가 줄어들기 때문에 물가는 하락할 수밖에 없다. 하지만 경기가 안 좋은 상황임에도 불구하고 물가가 상승하는 경우도 있다. 판매자가 물건 가격에 대한 재료 비용 상승과 고금리 대출 이자를 소비자에게 전이하는 방법을 사용하기 때문에 물건 가격이 상승하게 된다.

물가에 미치는 요소는 직간접적으로 매우 많다. 그중에서도 직접적인 주요 요소들이 몇 가지 있는데, 다음과 같다.

첫째, 금리다. 금리는 이자 비용에 대한 부담감이다. 사업주가 대출을 받아 사업을 영위하는 경우 이자 비용이 상승하면 그만큼 마진이 줄어들기 때문에 부득이하게 물건 가격을 인상하는 경우가 있다. 가계도 마찬가지다. 가계는 경기가 안 좋고 이자 부담이 높아지면 자연스럽게 소비를 줄이게 되어 물건에 대한 수요가 줄어든다. 이렇게 되면 물가는 떨어질 수밖에 없다.

둘째, 유가다. 산유국의 증산이나 감산에 따라 유가는 변동성을 가진다. 정치적, 지리적, 자연적 문제로 유가는 항상 변하는데, 요즘에는 친환경산업의 발달로 석유 소비가 줄어들 수 있는 상황에 놓여 있기도 하다. 그럼 석유는 우리 산업과 경제 그리고 가계에 어떤 영향을 주는 것일까? 석유는 앞에서 공부한 것처럼 운송 에너지로 사용되고, 공장 가동 에너지로 사용되며, 화학산업에 가장 근간이 되는 재료다. 이처럼 우리 일상에 매우 깊숙이 들어와 있으며, 석유가 없으면 세계 경제가 안 돌아갈 수도 있다. 이런 석유 가격이 인상되면 이 역시 판매자는 마진이 줄어들기 때문에 소비자에게 부담을 전이하게 된다. 그렇게 되면 물가는 상승한다. 이렇게 되면 가계가 유가 인상으로 소비를 줄이게 되고 종국에는 유가는 하락할 수밖에 없게 된다.

셋째, 임금 상승률이다. 물가가 상승하는데 임금이 상승하지 않을 수 없다. 임금이 인상되면 이 역시 판매자는 소비자에게 물건 가격 인상으로 판매자 전이를 함으로써 마진을 유지하려고 한다. 그렇게 되면 소비자는 소비를 줄이는 상황이 발생해 종국에는 물가가 하락하게 된다.

이런 경우도 있다. 유동성이 풀려서 물가가 상승하는 경우다. 유동성이 풀리면 물가는 상승한다고 한다. 왜 그럴까? 그것은 유동성이 풀리기 전에는 돈이 시중에 없어서 수요가 줄어든 상태라고 판단해 재고를 줄였는데 중앙은행의 유동성 정책으로 갑작스럽게 생긴 돈으로 물건을 사려고 하니 제한된 양에서 물건을 판매하게 되고, 가격이 급등할 수밖에 없게 된다. 그래서 이것은 고금리 정책에 힘을 실어주는 변화를 가져오게 되어 유가, 임금 상승에 영향을 주게 된다.

정리하자면 경기가 좋을 때 판매자나 소비자 모두 상황이 좋아서 물가가 상승해도 소비는 유지되지만, 경기가 안 좋아지면 어느 일정 기간 동안에는 물가는 인상된 상태를 유지하게 된다. 하지만 물가가 높으면 소비가 활발하게 진작되지 않기 때문에 경기는 안 좋아지고, 다시 물건 가격 하락의 과정을 거친다. 주식 투자를 위한 팁을 이야기하자면 다음과 같다.

경기가 좋을 때 : 물가 상승, 기업의 마진율 상승 효과를 볼 수 있다.
경기가 안 좋을 때 : 일시적 물가 상승 후 소비 감소로 물가가 하락 또는 진정된다. 그동안 물가 상승으로 기업의 마진율은 높았지만 그로 인해 물가가 하락하는 효과를 보게 된다.

# 미래 인플레이션의
# 가능성은 있을까?

지금 말하는 주제는 지극히 필자의 생각이다. 하지만 그렇게 될 수 있겠다는 생각을 주식 시장과 경제 상황을 보면 많이 느낀다. 그동안 돈이 풀려서 물가가 상승했다. 돈이 풀리게 되면 경제는 활력을 띠게 되어 산업과 기업, 그리고 가계, 개인에게 희망을 준다. 그러나 그때마다 물가는 상승할 수밖에 없다는 단점도 생기게 되어 중앙은행은 이러한 경제 성장에 영향을 덜 주는 상황에서 물가 조정에 초점을 두는 정책을 펼친다.

그런데 문제는 전 세계 인구수는 증가하고 있지만 경제가 잘 성장하는 나라들의 인구는 감소하고 있으며 더 중요한 점은 경제 주체인 생산가능 인구의 감소가 급격히 이루어지고 있다는 것이다. 이 경제 주체는 근로 주체이면서 소비 주체인 연령대의 인구들이다. 대부분의 선진국들은 저출산 고령화 사회로 진입한 상황에서 과연 인플레이션은 계속될지 의구심이 들 수밖에 없다.

경제 주체 인구가 줄어들면 전체 소비는 감소할 수밖에 없다. 그렇게 되면 인플레이션 시대가 지속적으로 유지될 수 있을지 궁금하다. 여기서 인플레이션 시대란 경제가 성장하면서 물가도 상승하는 것을 말한다. 경제 성장이 정상적일 때 나타나는 인플레이션이다. 반면, 저출산 고령화 시대가 지속되면 소득의 정체와 감소로 비싼 물건을 살 여력이 줄어들기 때문에 기업들은 고가의 제품보다는 중저가의 제품에 신경을 쓰게 된다. 이렇게 되면 물가가 상승하는 효과가 없기 때문에 임금 상승도 하지 않게 되고 금리 인상도 하지 않게 되어 기업은 비용에 대한 문제로 절박함을 잃게 되고 기술 개발이나 투자에 소홀해질 수밖에 없다. 이런 현상을 디플레이션이라고 한다. 성장 없는 저물가 상황을 말하는데 대표적인 나라가 일본이다. 그리고 서유럽 국가들이나 지중해 연안 국가들도 마찬가지다. 일본은 디플레이션 시기를 아주 오랫동안 겪어서 이런 문제를 해결하기 위해 정치적, 경제적, 금융적, 사회적으로 풀어가고 있는 중이다.

이렇게 볼 때 인플레이션이 디플레이션보다 나은 경제 상황이다. 참고로 경기는 둔화하고 물가가 상승하는 경제 상황을 스테그플레이션이라고 하고 경기가 둔화되었지만 경기가 회복되면서 물가가 상승하기 시작하는 경제 상황을 리플레이션이라고 한다. 하이퍼 인플레이션도 있다. 이것은 매우 높은 물가 상승으로 경기가 제대로 작동이 안 되는 경제 상황을 말한다. 이런 경제는 파산이라고 보면 된다.

그렇다면 생산가능 인구가 줄어드는 미래는 인플레이션이 있을까? 현재와 같은 물가 상승은 없을 것 같다. 생산 가능 인구가 부족한 상황에서는 대체 인력이 필요할 텐데 그 인력을 로봇과 AI가 하게 될 것이다. 이 로봇과 AI를 이용하면 임금 상승에 대한 기업의 걱정은 줄어들

것이다. 그렇게 되면 인력에 대한 임금은 저임금을 유지할 확률이 높다. 실제로 요즘에는 최저시급 임금으로 책정된 직종이 매우 많다. 이는 부당하다고 할 수 있으나 앞으로 로봇과 AI가 인력을 대체한다면 임금 상승의 미래는 그다지 밝지 않다고 본다. 그렇게 되면 물가는 상승하지 않게 될 것이고 이렇게 되면 인플레이션의 의미가 퇴색되고 오히려 스테그플레이션이 장기화될지도 모른다.

경제 성장을 위한 통화량은 늘어나겠지만 저출산 고령화에 따른 경제 성장은 지금보다 쉽지 않을 것이라고 생각된다. 생산 가능 인구가 많은 나라는 인플레이션을 유지할 것이다. 이러한 인플레이션 국가에 투자하는 것이 맞다. 우선순위는 미국이며 다른 나라들은 시장의 규모와 경제 성장, 그리고 인구까지 고려해 투자해야 한다. 과거 중국에 세계 자본이 관심을 가졌던 것처럼 말이다. 그러나 중국도 이런 문제에 있어서는 다른 선진국들의 전철을 그대로 밟고 있는 중이다.

여기서 투자 팁을 생각해보면, 앞으로 이런 상황에서 돈은 더욱 안정성과 수익성을 따지게 되어 대형주 위주의 투자가 진행되며 이들만 주가가 상승하는 모습을 보일 수 있다. 경기가 안 좋을 때 시가총액 최상위 기업들만 상승하는 원리와 같다고 보면 된다. 이들 기업들의 주가 상승률은 인플레이션 시대의 주가 상승률을 유지할 확률이 높을 것이다. 하지만 중소기업이나 중견기업들의 주가 상승률은 저조하리라고 본다. 그 이유는 돈이 안정성과 수익을 찾아 시가총액이 매우 큰 기업들로 흘러가기 때문이다. 미래에 인플레이션이 될지 안 될지 모르겠으나 분명한 것은 정해진 기업들만이 주가가 상승한다는 것이 향후 주식 투자의 팁이라고 보면 된다.

# 경기 둔화시기에는
# 사기, 작전이 극성을 부린다

경기가 둔화하기 시작하는 시기는 유동성 장세가 막 끝난 상황이거나 끝나려고 하는 시기다. 이때 유난히 금융 사기와 작전이 극성을 부린다. 왜 그럴까? 이유는 아주 간단하다. 돈은 있는데 갈 곳이 없기 때문에 주변에 수익률과 관련한 이야기가 있으면 관심을 가지게 된다. 왜냐하면 유동성 장세에서 느꼈던 수익률을 경기 둔화 시기에도 느끼려고 투자 대상을 물색하기 때문이다. 이때 금융 사기나 작전이 빈번하게 일어나면서 세상을 떠들썩하게 만든다.

이 시기에 투자자들의 심리는 그다지 좋지 않다. 왜냐하면 빨리 원금이 되면 빠져나가기를 바라는 시장 참여자들이 많기 때문이다. 이런 심리를 이용한 사람들이 사기성 모집을 하거나 때로는 선동까지 하면서 시장 참여자들을 혼란스럽게 한다. 주식 시장이 상승장일 때는 나타나지 않지만 절박한 마음이 있는 시기에는 이들이 나타나서 그 절박함을 교묘하게 이용해 막대한 수익을 가져가고 수많은 피해자들을 양상한다.

이것은 비단 일부 개인 그룹에서만 있는 것이 아니라 금융 기관에서도 있을 수 있는 일이다. 예를 들면 테마를 만들거나 새로운 금융 상품을 만들어 주식 시장에서 이탈 가능성이 있는 자금을 유치하려고 하기도 한다. 마치 보험회사에서 새로운 상품이 출시되면 기존의 상품을 없애고 새로운 상품으로 갈아타기 하게 하려는 전략과 비슷하다.

뿐만 아니라 고금리로 수많은 사람들이 힘든 시기를 견뎌내야 하기 때문에 버틸 수 있음에도 불구하고 남은 자산을 불필요하게 매각하게 만드는 경우도 있고, 부동산 같은 경우 경매로 넘어간 집주인의 절박함을 이용해 높은 담보 대출을 유인해 더 힘들게 하는 경우도 있다.

이 시기에 절박한 사람들은 자칫 더 힘들게 되는 시기다. 그럴수록 냉철해져야 하며, 공부를 해야 한다고 본다. 특히 금융 공부를 해야 한다. 금융에 대한 지적 능력이 부족해 발생한 문제들이기 때문에 삶이 힘들겠지만 이 기회에 틈틈이 금융 공부도 열심히 하면서 새로운 기회를 찾아야 과거와 현재보다 미래는 도약된 상황에서 살아갈 수 있기 때문이다.

그러나 많은 사람들은 이 시기에 어려운 생활 문제 때문에 뒤로 물러서게 된다. 이것이 현실이고 맞는 답이 될 수 있겠으나 지나고 나면 결코 그렇지만도 않다. 돈이 없어서, 상황이 어려워서…. 이런 이야기로 조금 더 부지런하게 살면 될 것을 상황 탓만 하고 살면 결코 나은 미래를 만들 수 없다. 사람들은 상황 탓만 하는데 사실은 상황에 졌다는 것을 인지하지 못한다. 이 시기가 그런 시기다.

그리고 안 좋은 뉴스까지 들리면 더욱 그렇게 된다. 만약 당신이 이런 시기에 좋지 않은 상황이라면 뉴스를 멀리하는 것이 매우 좋다. 이 시기의 뉴스는 힘든 사람들을 더 힘들게만 하지 결코 도움이 안 된다. 이럴

수록 긍정적인 사람들과 어울리고, 성공하고자 하는 사람들 또는 성공한 사람들과 어울려야 기회가 온다. 자격지심을 가질 필요는 없다. 낙심하고 쓸데없는 자존심이 있는 사람들과 어울리면 당신도 그렇게 된다. 따라서 이 시기에는 금융 공부도 하고, 매사에 긍정적이며, 강인한 용기로 어려운 시기를 헤쳐나간다면 경기가 다시 회복되었을 때 큰 행운을 얻게 될 것이다.

경제는 순환한다. 순환한다는 것은 좋을 때도 있고 나쁠 때도 있다는 것을 의미한다. 인류의 삶은 사실상 이 경제 순환에 맞춰 삶이 좋았다 나빴다를 반복했다. 경기가 안 좋으면 해고와 퇴직이 많고 소비가 줄어들어 장사가 안 되고 그렇게 되면 생활은 팍팍해진다. 사람들의 심리 상태는 불안정한 상황이므로 서로에 대한 배려는 줄어든다. 이렇게 작은 것들이 모여서 사회적인 문제가 발생하기도 한다. 반대로 경기가 좋아지면 소득도 늘고, 자산도 증식이 되어 사람들의 심리 상태는 여유로워진다. 물론 이런 경우도 유동성 장세나 경기가 고점을 향할 때 자산 증식의 속도는 매우 빨라져서 소외감을 느끼는 사람들도 나오게 되어 막차에 올라타는 결정도 하게 된다.

경제 순환을 잘 이해하면 각자의 삶에 매우 유용할 수 있다. 따라서 상황이 좋아서, 상황이 나빠서가 아닌 상황을 잘 이해하고 이용하는 것이 금융과 투자 공부를 하는 이유다.

# 신규 태동산업의
# 성장 필수 조건과 주식 시장

역사적으로 혁신은 지속적인 성장의 의미를 가지고 있다. 산업 혁명도 혁신이다. 기존의 산업에 대한 혁신이 그다음 세대의 산업이 되기 때문이다. 산업 혁명이라는 말은 기업들에게만 국한되는 것이 아니다. 국가와 심지어 개인에게까지도 적용되는 아주 중요한 한 세대의 변혁이다.

산업혁명의 주기는 80여 년이라고 한다. 이 기간 동안 경제는 한 산업이 성숙될 수 있게 여기저기서 새로운 산업들이 태동하기 시작한다. 이렇게 태동된 산업들은 기업과 가계, 그리고 정부에 관심을 가지면서 시중 자금은 이 태동하는 산업으로 흘러들어간다.

이렇게 흘러간 자금은 이 산업을 하고 싶어 하는 기업들에게 매우 유용한 자금이 되며 이는 주식 시장뿐만 아니라 고용 촉진에도 도움이 된다. 이렇게 고용이 늘어나게 되면 소비 시장도 살아나게 되고 공장이나 생산 시설이 지어지는 지역 같은 경우는 활기를 띠게 된다. 그래서 혁신은 매우 중요하다고 볼 수 있다. 산업으로 보면 태동산업이며 이 산업이 성장을 하면 새로운 성장 동력을 가지게 되어 경제는 다시금 상승하게 된다.

　그러나 부작용도 만만치 않다. 태동산업은 실적이 받쳐주는 산업이 아니다. 오로지 가능성을 보고 모두가 한마음으로 잘되길 바라는 것이지 당장의 실적이 받쳐주지는 않는다. 그래서 부작용도 만만치 않다는 것이다.

　이 태동산업은 실체가 정확하지도 않고 어느 기업이 생존할지 아무도 모르며 생존하더라도 기대만큼 성장할지 또한 아무도 모른다. 오로지 관심만 있을 뿐이다. 이렇게 관심만 있는 산업의 태동은 거품을 만들게 된다. 개인들은 매출이 있는 기업보다 매출이 발생할 기업을 선택하게 되어 돈이 이런 기업으로 유입되면서 주가는 상상 이상으로 상승한다. 이는 많은 사람들에게 희망과 꿈을 주고, 주가가 더 상승할 거라는 과대망상까지 불러일으키며 주식 시장을 병적으로 대하기 시작한다.
　또한 이 시기에는 선동가들도 나오고, 해당 기업이나 산업에 대해 찬반이 엇갈리면서 상승 시 수익률에 대한 시기 질투와 하락 시 손실에 대한 비난으로 자본 시장은 흙탕물로 변하게 된다. 그리고 시간이 지나면 거래량이 뚝 떨어지면서 대중에게서 잊히기 시작한다. 이 시기에 주가는 고점 대비 아주 형편없는 가격으로 하락해 있다.

　주가는 관심과 실적으로 움직인다. 태동산업은 실적보다는 관심으로 움직이기 때문에 거품이 될 수밖에 없는 게 분명한 사실이고, 주식 시장만 볼 수 있는 진리다. 그러나 사람들은 이런 것에 대해 잘 모른다. 알고 싶어 하지도 않는다. 결국 태동산업은 거품이 있을 수밖에 없고, 특히 태동 시기에 돈을 버는 사람들과 돈을 잃는 사람들이 나타난다. 돈을 잃는 사람들의 손실은 매우 크다. 사례를 나열해보면 2000년 초 닷컴 버블, 2023년 초 2차 전지 소재 부품에서도 거품이 많이 생겼던 적이 있다.

그렇다고 무조건 부정적으로 볼 필요도 없다. 나에게 주어지는 간혹 있을 수 있는 기회로 보는 것도 좋다. 이런 태동산업은 늘 있을 것이고, 여기에 대한 투자 전략은 우선 중장기로 가져가지 말고 단기적인 투자 또는 시세차익으로 접근해야 좋은 결과를 얻을 수 있다. 태동산업은 분명 새로운 경제 성장의 동력이 되는 것이 맞다. 하지만 주식 투자 관점에서는 매우 변동성이 커서 주의가 필요하다. 그래서 간혹 정부들도 이런 상황이 오면 개인 투자자들의 피해를 막기 위해 정부 차원의 조치를 취하곤 한다.

하나 더, 투자의 팁을 이야기하면, 언제쯤 투자의 관점으로 접근하면 좋을까? 대중의 관심이 꺼지고 한동안 주가는 매물 소화 기간을 겪게 된다. 이때 기업들의 옥석 가리기가 시작된다. 막대한 투자금이 들어왔다고 모든 기업이 태동산업에서 성장할 수 있는 것은 아니다. 따라서 이 시기에 많은 기업들은 진짜 사업을 하게 된다. 그동안은 계획만으로 자본을 유치했다면 이 시기부터는 실적으로 투자자들에게 보여줘야 하기 때문에 치열한 경쟁과 생존의 싸움이 시작된다.

이후 이 시기에 시장에서 검증을 받기 시작하는 기업들이 향후 성장 산업으로 진입 시 수혜를 받게 되기 때문에 투자 관점은 시간을 두고 지켜보아야 한다. 굳이 그 시점을 알기를 원한다면 기술적 분석으로 접근하면 알 수 있다. 바로 태동 시기에 형성했던 고점 시 주가를 돌파하는 기업이 있다면 그 기업에 투자하면 된다. 왜냐하면 주식 가격이 높아졌지만 이 가격은 한층 업그레이드된 가격으로 더 이상 하락하지 않게 해주는 지지 가격이 되기 때문이다.

| 태동산업과 투자 |

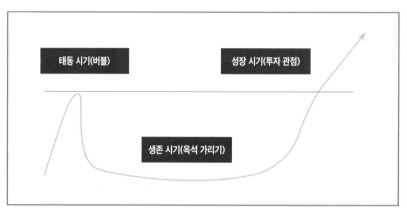

출처 : 저자 작성

# 통상적으로
# 조정장은 따로 있다

주식 투자를 하다 보면 마켓 타이밍을 잡고자 할 때가 있다. 사실 마켓 타이밍을 잡는다는 것 자체가 도박과도 같은 것인데 그래도 일 년 중 어느 시기는 조정을 겪게 된다. 미국 주식 시장은 지난 오랜 세월 동안 일 년 중 한 시기가 통계적으로 조정을 보았다.

이 시기가 되면 주식 시장이 조정을 받을 수밖에 없는 상황임에도 불구하고 온갖 안 좋은 뉴스로 도배된다. 안 좋은 뉴스 때문에 주식 시장이 조정을 받는 것이 아닌데 마치 안 좋은 뉴스 때문에 주가가 하락하는 것으로 시장은 받아들인다. 이렇게 되면 시장 참여자들은 불안해지고, 경제 전문가라는 사람들은 시장의 불안을 키운다. 이 시기에 시장은 이들의 말에 경청한다. 이렇게 되면 투자 심리는 위축되며 이때 공매도 세력이 나타나서 이런 상황을 즐기게 된다.

이 책을 읽는 우리는 이 시기에 주식 시장이 조정을 받는다고 해도 이유를 알고 있으면 '조정이 왔구나'라고 인식하고 의연하게 시장을 보면 된다. 이것을 모르고 있는 사람들은 우왕좌왕하겠지만 최소한 이 책을 읽는 사람들이라면 그렇지 않았으면 한다. 오히려 투자 전략을 잘 수립해 이 시기를 잘 활용하면 된다.

일 년 중 기업의 실적이 가장 많이 나오는 분기는 4/4분기와 1/4분기다. 그리고 2/4분기가 1/4분기의 영향을 좀 더 이어받는다. 그리고 3/4분기가 일 년 중 실적이 낮게 나오는 시기다. 그리고 기업이나 개인은 일 년간의 세금 정산을 해야 한다. 세금 정산을 위해 절세를 준비하거나 세금을 낼 재원을 마련해야 한다. 바로 이 시기에 주식 시장은 조정을 받게 된다. 기업이나 개인, 그리고 기관 투자자들은 이 시기에 매수보다는 매도를 하는 쪽으로 세금 정산을 준비한다. 이것이 일 년 내 주식 시장에 영향을 미친다는 것이 제일 중요한 사실이다.

미국은 4, 5월이 연말 정산 관련 시기고, 또 10월도 연말 정산에 대한 추가 신고를 하게 되어 있다. 통상적으로 대주주는 10월 중순까지 하는 것으로 되어 있는데, 테슬라의 일론 머스크(Elon Musk)가 당시 주식을 처분하는 바람에 개인 투자자들로부터 엄청난 원성을 들은 적이 있다. 왜냐하면 그 시기에 트위터(지금의 X)를 인수하기 위해 주식을 계속해서 처분했던 적이 있는데, 그 사실이 알려지면서 더 이상 매도하지 않겠다고 약속해놓고, 10월 중순에 주식을 처분했다는 소식이 알려지면서 자칫 CEO 자리에서 물러나야 할 수도 있는 여론이 형성된 적이 있었다.

일 년을 보면 기업의 실적이 낮게 나오는 분기인 3/4분기와 펀드 매니저의 휴가철, 그리고 연말 정산 추가 신고 기간 등이 있는 8, 9, 10월이 통상적으로 주식 시장의 조정 시기다. 이 시기가 지나면 절세 목적으로 매도한 주식을 서둘러서 담기 때문에 주가는 서둘러 상승하게 되어 연말 랠리를 이어가며 이 상승은 1/4분기로 이어진다. 이렇게 상승한 주식 시장은 4, 5월 경 다시 소강 상태를 이루었다가 6, 7월에 다시 상승장을 맞이한다.

다음 그림은 투자 시 참조하자는 의미에서 간단하게 표현해보았다. 각 월의 막대그래프를 정확한 수익률이라고 보지 말고 대강의 흐름만 이해했으면 한다. 통계적으로 매 상황이 다르게 나오기 때문에 분기별 상황과 조정 시기만 이해하면 좋겠다.

| 미국 주식 시장의 월별 수익률 그래프 1 |

출처 : 저자 작성

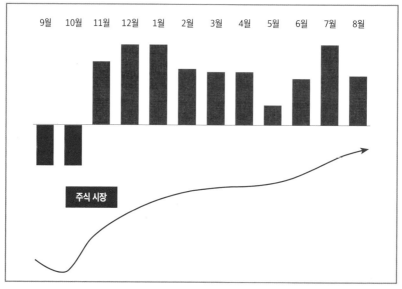

출처 : 저자 작성

여기서 관점을 바꾸면 그래프 1처럼 1/4분기를 시작으로 하지 말고 3/4분기로 분위기를 바꾸면 다음 그래프 2처럼 볼 수 있다. 8, 9, 10월 이 연중 가장 낮은 주가를 형성할 수 있고, 이후 주식 시장은 9~10개월 간 상승하는 모습을 보인다. 거의 1년 동안 상승한 주가는 8, 9, 10월에 조정을 보게 된다. 오른 만큼 상승한 주식 시장은 숨 고르기에 진입하게 된다. 이런 상황만 잘 이해한다면 주식 투자에 대한 전략을 수립할 수 있다. 조정 시기에 주식 시장은 하락하는 게 맞다. 그런데 이때 온갖 좋지 않은 뉴스가 나온다. 따라서 이런 문제에 지나치게 감정이입을 하지 말기를 바란다. 이 시기가 왜 조정 기간인지 그 이유를 안 이상 우왕좌왕하지 않았으면 한다.

이와 비슷하게 전 세계 주식 시장에 영향을 주는 것이 또 있다. 바로 미국 대통령 임기와 대선이다. 통상적으로 미국 대통령의 임기 1년 차는 공약 이행을 위해 정부가 돈을 많이 풀거나 정책을 펼쳐 주식 시장이 상승 분위기를 유지한다. 그러나 2년 차에는 어느 정도 정책이 실현되면서 시장은 숨 고르기에 진입한다. 이와 더불어 이 시기에는 중간 선거가 있어서 시장은 더욱 숨 고르기를 하게 된다. 임기 3년 차에는 다시 주식 시장은 반등하게 되고, 현 정부도 연임을 위해 열심히 업무를 수행한다. 그리고 4년 차에는 통상적으로 주식 시장은 상승하는 분위기를 보인다. 아무래도 양당 대선 후보들의 치열한 경쟁이 이루어지다 보니 주식 시장은 한층 분위기가 좋아진다. 이 또한 미국 주식 시장 역사를 통해 살펴보면 통계적으로 어느 정도 맞다. 따라서 미국 대통령 2년 차는 조정이고, 나머지는 상승 분위기를 나타낸다고 생각하면 좋을 것 같다. 물론 외부적인 요인에 의해 이런 상황이 모두 맞는 것은 아니지만, 투자에 참고할 만하다고 본다.

# 환율과 경제 흐름, 그리고 주식 시장

　환율은 주식 시장에서 매우 중요하다. 환율과 관련해서는 앞 장에서 살펴보았다. 이번 장에서는 환율과 경제 성장의 흐름에 대해 이해하는 시간을 가지도록 하겠다. 먼저 경기가 살아나는 시기부터 보자. 경기가 다시 살아나는 초기에는 경제가 둔화된 상황이므로 저금리 상태를 유지하게 된다. 그런데 이때 경기가 살아나면서 중앙은행은 점차 기준금리 인상 카드를 꺼내게 된다. 특히 미국 연준은 금리 정책을 펼칠 때 계획을 언급한다. 금리에 대한 인상을 하면 어느 정도 선까지 인상하겠다는 시그널을 시장에 알려주는 것이다. 이때 투자자는 이 시그널을 잘 이해해야 한다.

　이 시기에 기준금리를 인상한다고 하면 시장은 경기가 살아나고 있다는 증거로 받아들여 채권 가격은 하락하고, 경기가 살아나면서 투자자들의 관심을 받게 되어 주식 시장은 상승한다. 이때 환율은 미국에 있던 자본이 각 나라로 흘러들어가게 되어 달러가 약세를 보인다. 흥미롭게도 달러 약세는 미국 기업들 입장에서는 환차손이 발생하지만 가격

경쟁력과 품질을 바탕으로 실적을 높여주는 지렛대 역할도 해주게 된
다.

　경기가 확장되고 어느 정도 정점에 이르면 금리 인상의 막바지를 경
험하게 되며, 결국 시장의 아우성에 중앙은행은 기준금리를 인하한다.
경기가 좋다 보니 은행이 대출해줄 수 있는 잔고가 줄어들었고, 금리는
그만큼 인상된 상태기 때문에 시장은 금리 인하를 통해 현 상황을 잠시
나마 극복하려고 한다(경우에 따라 일부 국가들은 은행의 지급준비율을 낮추기도 한
다). 이때 각국에 있던 달러는 불안한 경제 상황을 인지하고 미국으로 자
본이 흘러가는 모습을 띠게 되어 달러가 강세를 보인다. 이렇게 되면 미
국을 제외한 나라들은 달러 강세로 인해 경제가 더욱 어려움에 처한다.
이때 채권도 금리 인하 기조가 될 수 있다는 상황으로 인식해 채권 가
격은 다시 상승하게 된다. 채권을 매수하는 것으로 주식 자산에 흘러가
야 할 자본이 채권으로 흘러가면서 주식 시장은 조정장 또는 하락장을
맞이하게 된다.
　여기서 중요한 포인트는 돈의 성질을 이해하는 것인데, 각국의 주식
시장에 있던 돈은 미국으로 흘러가서 달러로 있거나, 미 국채를 매입하
거나, 미국 주식 시장 중 시가총액이 높은 기업으로 흘러가게 된다. 그
렇게 되면 미국 주가 지수는 좋은데 내가 보유한 기업들의 수익률은 저
조한 착시 효과를 보게 된다. 미국을 제외한 주식 시장은 그다지 좋은
상황을 보여주지 못한다. 특히 시가총액 최상위 기업을 보유하고 있지
않다면 더욱 그렇다.

　결국 시장은 우려했던 상황이 펼쳐지면서 달러 급등을 맞이하고, 중

앙은행은 황급하게 금리 인하와 동시에 시중에 돈을 푸는 양적 완화 정책을 펼친다. 이때 돈은 다시 늘어나면서 달러 약세로 전환하게 된다. 이때가 바로 유동성 장세가 되는 시기다.

문제는 이런 유동성 장세가 되면 물가가 상승하게 되어 결국 금리 정책의 변화를 맞이할 수밖에 없다. 물가를 잡기 위해 중앙은행은 금리 인상을 하면서 돈은 다시 미국으로 향한다. 미국으로 흘러가는 돈은 달러 강세를 만들고, 고금리 기조로 세계 각국은 힘든 상태인데 환율마저 강세가 되면서 경제가 더욱 어려움을 겪게 되어 어떻게 해서든 환율 방어에 힘을 쏟게 된다. 달러가 강세가 되면서 물가도 상승하는 현상이 지속된다. 일부 국가는 자국의 자산 중 미 국채를 매각해 달러를 약세로 전환하는 정책을 펼치기도 한다. 이런 시기가 지속이 되다 보면 결국 경기는 둔화 국면으로 접어들게 되어 미국 연준은 다시 금리를 인하하게 된다. 이렇게 되면 환율은 진정된다.

이처럼 환율은 미국을 중심으로 움직인다. 미국의 정책에 따라 각국의 돈은 요동치고, 경제에도 막대한 영향을 미친다. 따라서 투자자들은 환율에 대한 이해도 필요하다. 여기서 주식 투자 팁이라면 미국을 중심으로 세계 경제는 움직인다는 것을 이해해야 하고, 투자 대상으로는 안전하고 수익률이 좋은 나라에 투자해야 한다는 것을 환율을 통해서도 알 수 있는 대목이다.

# 전쟁이 주식 시장에
# 어떤 영향을 미치는가?

경제에는 경기 성장이나 둔화와 같이 소비에 대한 문제가 가장 큰 영향을 준다. 하지만 간혹 전쟁이 전 세계 경제를 힘들게 하는 경우도 있다. 분명 전쟁은 세계 경제에 타격을 주는 게 사실이지만, 아이러니하게도 전쟁 당사자들은 힘들겠지만 이런 전쟁으로 수혜를 보는 나라도 있다는 사실이다. 따라서 전쟁으로 주식 시장이 망가진다는 것은 각국의 입장에 따라 다를 수 있다.

세계 대전은 분명 미국에게 엄청난 기회를 가져다주었고 우리나라 6.25전쟁은 일본에게 기회를 주었다. 물론 우리도 베트남 전쟁에서 기회를 가질 수 있었다. 2020년에 들어서 일어난 러시아와 우크라이나의 전쟁 같은 경우는 미국의 방산업체와 에너지업체들이 큰 수혜를 보았고, 우리나라도 방위산업에서 큰 수혜를 보기도 했다.

경제적 측면에서 보면 전쟁은 잘못된 과거에서 새로운 미래로 가는 하나의 계단이라고 할 수 있지 않을까 싶다. 인명 피해가 있지만 역사는 늘 그랬던 것 같다. 하나를 잃으면 하나를 얻게 되는 것처럼 전쟁을 통한 역사는 아이러니하게도 인류 문명을 한층 업그레이드시켜왔는지도 모른다.

전쟁과 주식 시장의 상관관계를 보면 전쟁 중에도 주식 시장은 열렸다. 물론 전쟁 당사자는 다르겠지만 주변 국가들의 주식 시장은 전쟁의 영향을 받는다. 우선 전쟁 발발 시 주식 시장은 변동성을 가지게 된다. 미국 주식 시장과 다른 나라에서 일어난 전쟁을 보면 그 기간의 주식 시장은 전쟁 규모와 세계 경제 영향에 따라 변동성을 가졌으나 대체로 박스권을 이루었다. 세계대전 때도 그랬고, 베트남전쟁 때도 그랬다. 미국도 2차세계대전에 참전했고, 베트남전쟁도 참전했다. 그럼에도 불구하고 주식 시장은 박스권을 이루었다.

투자 포인트는 전쟁 중의 박스권도 매우 중요하지만 전쟁이 끝난 후 주식 시장이 급등했다는 사실이다. 심지어는 전쟁 기간에 비례한 만큼 주식 시장은 강한 반등을 보여주었다. 그 이유는 의외로 간단하다. 전쟁으로 발생한 수많은 재건과 부양책이 기다리고 있기 때문에 주식 시장은 상승할 수밖에 없다. 오히려 올림픽과 같은 긍정적인 이벤트는 주식 시장에 그다지 영향을 주지 않지만 전쟁과 같은 부정적인 이벤트는 오히려 주식 시장에 긍정적인 영향을 주면서 한 단계 도약하는 모멘텀을 만든다. 전쟁이 아닌 코로나19와 같은 전 세계를 마비시킨 전염병도 마찬가지다(당시 독일 총리는 팬데믹을 제3차세계대전이라고도 표현했다).

주식 시장에서는 전쟁으로 인한 피해는 참전 국가 간의 문제이고, 강대국과 약소국간의 전쟁에 불과한 것으로 보는 것 같다. 이것은 매우 현실적이며 냉혹하지 않을 수 없다. 따라서 전쟁이 발발했다고 해서 주식 시장의 끝없는 추락은 없고, 오히려 주식 시장의 급락으로 인한 저가 매수의 기회가 있을 뿐이다. 이 기회를 잡는 자는 부자로 가는 빠른 자동차를 타는 것과 같다. 쉽지는 않겠지만 투자자는 이런 이벤트를 두려워하지 말고 아주 좋은 기회로 보는 사고를 가졌으면 한다.

역사적 사실을 통해 보듯이 투자자는 냉철한 사고와 역발상적인 사고를 가져야 한층 업그레이드된 투자를 할 수 있게 되고, 투자에 대한 혜안도 가지게 된다. 투자자는 세상의 위기가 곧 투자 세계에서 기회가 된다는 것을 깨닫는다면 주식 투자에 무척 도움이 될 것이다.

"1,000명이 맞다고 할 때 맞는 것이 아니며, 1,000명이 틀리다고 할 때 틀린 것도 아니다."

– 벤자민그레이엄(Benjamin Graham)의 강연 중

# 신경제 체제에서는 모두가 투자자이며
# 쉽게 부자가 될 수 있다

자본주의는 신경제 체제를 따르면서 급속도로 발전하게 되었다. 신경제는 정보 통신 분야의 기술을 혁신해 생산성을 지속적으로 높이는 경제를 말하며 이는 미국 중심으로 급속도록 발전한 기술혁명이기도 하다. 사실 신경제는 과거에도 있었다. 산업혁명 때마다 신경제는 항상 존재했다. 재미있는 사실은 산업혁명이 한 단계 도약할 때마다 경제는 더욱 성장했고, 문명사회로의 기회를 전 세계가 가질 수 있게 되어 모두가 풍요로운 사회로 진입할 수 있었다는 점이다. 물론 일부 국가들은 여전히 내부적인 요인과 정치적인 문제로 과거에서 벗어나지 못하고 있지만, 많은 국가들이 잘 살고자 하는 요구에 신경제는 부합하고 있다.

이렇게 산업이 혁신적으로 변화할 때마다 경제는 강력한 성장 동력을 가지게 된다. 그렇다면 이러한 성장 동력을 지속적으로 발전시켜주는 것은 무엇일까? 그것은 바로 투자 자본이다. 이러한 투자 자본이 없으면 경제 성장은 어렵거나 어려워질 수 있다.

경제가 성장하면 할수록 교육열도 높아지고 풍요로운 삶도 가지게 된다. 또한 부의 창출 기회는 늘어가게 된다. 이는 당연한 것이다. 경제 성장을 위해 통화량이 늘어나게 되는데, 이것은 개인에게, 기업에게, 각 국에게 흘러들어가게 되면서 부의 기회를 가질 수 있게 된다. 이런 자본은 때로는 은행으로 때로는 주식 시장과 같은 투자 자산으로 이동하기도 하고, 스타트업과 같은 기업에도 흘러들어가게 된다. 이렇게 흐르는 돈은 부의 기회를 많은 사람에게 주고 이를 잘 활용하고 이해하는 사람들에게는 부자가 되는 영광을 주기도 한다.

신경제에서는 소득보다 부가 실질적으로 더 빨리 증가하는 경향이 있다. 이것은 소득의 증가로 저축이나 장기 투자가 가능할 정도의 잉여 소득이 생긴다는 것이며, 이와 더불어 인간의 평균 수명이 늘면서 부를 축적할 시간이 늘어나고 있다는 점도 있다. 또한 자기만의 사업을 통해 부를 창출할 수 있는 기회도 많이 생긴다. 투자자는 이러한 상황을 잘 이해해야 한다.

자본주의에 살면서 우리는 자본주의의 본질 중 하나가 바로 통화량 이라는 것을 알아야 한다. 통화량이 늘어나는 이유는 경제 성장의 지속 성 때문이다. 통화량이 늘어나면 날수록 물가는 상승할 수밖에 없다. 물가가 상승한다는 것은 투자 자산도 같이 성장한다는 것으로 투자하는 자체가 부의 기회를 갖는다는 것과 일맥상통한다. 즉, 신경제 체제에서는 일확천금이 아니어도 부자가 될 수 있다는 것이다. 어느 정도 저축을 해 기업이나 부동산에 투자하면 시간이 흐를수록 이들 자산은 성장할 수밖에 없다는 것이 신경제 체제에서 모두 부자가 될 수 있는 이유다.

이것을 빨리 깨닫지 못한다면 부의 기회는 멀어질 것이다. 신경제 체제에서 부의 기회는 우리들 바로 옆에 있는데, 이를 잘 이해하지 못하면 돈이란 놈은 우리를 어리석게 볼 것이다. 부의 기회는 없다고 생각하거나 빨리 부자가 되고 싶다는 욕심에 무리한 판단을 해 삶을 힘들게 할 필요가 없다. 신경제 체제에서는 누구나 쉽게 부자가 될 수 있다. 단, 부자가 될 수 있는 사람의 조건이 있는데, 그것은 저축을 많이 하고 이를 투자 자산으로 잘 옮겨서 복리의 효과가 나올 때까지 인내하고 기다릴 수 있는 사람이 부자가 된다. 이런 조건을 가지고 있거나 깨달은 사람은 반드시 부자가 될 수 있다. 이를 예전부터 잘 이해하고 있는 사람이 바로 워런 버핏이다. 그는 말했다.

"무리하게 2m 장애물을 넘느니, 누구나 넘을 수 있는 30cm 장애물을 지속적으로 넘는 것이 낫다."

따라서 일확천금을 노리는 불필요한 행동은 하지 말아야 한다. 신경제 체제에서는 부의 기회도 있지만 반대로 파산의 늪도 상당히 많고 깊다. 왜냐하면 누구나 조금만 공부하고 지혜를 얻으면 쉽게 부자가 될 수 있지만, 반면에 쉽다는 것은 그만큼 리스크도 크다는 것을 의미하기 때문이다. 신경제에서는 마음만 먹으면 돈이 생긴다. 대표적인 것이 대출이다. 대출은 개인의 신용을 담보로 지급된다. 또는 물건을 담보로 돈을 구할 수도 있다. 또 돈 버는 방법도 너무나 다양해졌다. 그리고 현대인들은 한 가지 직업 외 2, 3개의 직업을 가지고 있는 경우도 있고, 인터넷이 발달하면서 자신을 전 세계에 알릴 수 있게 되었다. 신경제가 발달하면 할수록 돈을 쉽게 접할 수 있다는 것이 중요한 점이기도 하다. 그래서 신경제 체제에 사는 현대인들은 돈을 잘 운영할 줄 아는 능력을 키워야 한다. 쉽게 들어온 돈은 쉽게 빠져나가기 때문에 늘 겸손하고, 늘 공부하는 자세를 가질 때 잘 운영할 수 있다. 앞으로 경제는 지속적으로 성장할 것이고, 그때마다 신경제는 일어나게 된다. 미래에도 신경제 체제가 유지되는 한 누구나 쉽게 부자가 될 수 있는 가능성이 크기 때문에 투자의 지혜를 얻는 일을 게을리 하지 말기를 바란다.

# 주식 시장과 부동산 중 어느 자산 시장이 경제와 소비에 더 영향을 줄까?

2003년 IMF의 <세계 경제 전망>에는 주식 시장이 폭락하는 것과 부동산 시장이 폭락하는 것 중 어느 쪽이 경제에 미치는 영향이 더 큰지 조사한 보고 결과가 있다. 보고서에 의하면 한 나라의 GDP 측면에서 주식 시장과 부동산 시장이 폭락했을 때를 비교해보면 주식 시장 쪽이 빨리 회복했다. 이것은 주식 시장으로 인해 경제가 후퇴해도 부동산 시장으로 인해 경제가 후퇴한 것보다 회복 속도가 빠르다는 것을 말해준다. 또한 민간 소비도 마찬가지다. 역시 주식 시장으로 인한 민간 소비 하락은 부동산 시장으로 인한 민간 소비보다 회복이 빨랐다고 한다. 신용도 측면도 마찬가지며, 광의의 통화도 주식 시장이 부동산 시장보다 회복이 빨랐다고 한다. 광의의 통화는 돈의 흐름, 즉 유통을 말하는 것이다.

그렇다면 왜 주식 시장의 부동산 시장의 영향보다 회복이 빠른지 알아보도록 하겠다. 우선 주식 시장은 경제를 움직이는 주체들이 모인 곳이다. 경제 주체는 기업들로 주식 시장은 한마디로 경제 덩어리라고 해도 과장이 아니다. 이들이 무너지면 경제가 멈추기 때문에 중앙은행은 즉각적으로 이들을 중심으로 양적 완화 정책을 펼친다. 이런 수혜를 받은 주식 시장은 빨리 회복할 수 있게 된다. 소비도 신용도 그리고 광의 통화도 빨리 회복한다.

그러나 부동산 시장은 상당 부분 주택으로 되어 있는데, 부동산 구입은 대부분 대출을 통해 이루어지기 때문에 부동산 시장으로 GDP가 하락하면 소비가 쉽게 살아나지 않는다. GDP 회복이 더뎌지면 민간 소비는 더 어렵게 되고, 신용도 역시 대출로 인해 위험도가 높아져서 회복 속도가 느릴 수밖에 없다. 광의의 통화도 부동산은 주식보다 환급성이 떨어져서 돈의 흐름이 원활할지 않게 된다.

정리하면 이처럼 기업을 중심으로 한 주식 시장은 개인을 중심으로 한 부동산 시장보다 폭락 후 회복이 여러 분야에서 빨리 이루어진다는 것이 중요한 점이다. 이는 주식 시장이 부동산 시장보다 주가 하락 후 반등이 먼저 이루어진다는 것을 의미하기도 한다. 또한 주식 시장이 부동산 시장보다 먼저 경제에 영향을 준다는 것도 알 수 있다.

# 인플레이션 유형별 자산 시장의
# 수익률 비교 및 해석

| 2004년까지 영국에서 보인 자산들의 실적 |

| | 고인플레이션 | 저인플레이션 |
|---|---|---|
| 고성장 | 주식    4.4% | 주식    13.4% |
| | 채권   -0.2% | 채권    0.1% |
| | 현금   -0.4% | 현금    2.0% |
| | 예술품  9.2% | 예술품  7.5% |
| | 부동산  8.1% | 부동산  11.0% |
| | 상품    6.1% | 상품    15.1% |
| 저성장 | 주식    4.1% | 주식    11.1% |
| | 채권   -0.8% | 채권    0.0% |
| | 현금    0.7% | 현금    2.2% |
| | 예술품  0.3% | 예술품  0.9% |
| | 부동산 -4.2% | 부동산  4.7% |
| | 상품    2.8% | 상품    3.2% |

출처 : 바클레이즈은행

이 표에 대한 이야기를 하기 전에 각 경제 상황과 그에 대한 이해를 해보자. 먼저 인플레이션은 경기가 성장하면서 물가가 상승할 때가 가장 이상적이라고 한다. 경기 중 가장 나쁜 것은 경기 성장이 아주 더딘 상태에서 고물가를 이룰 때, 즉 하이퍼인플레이션이 될 때다. 이런 경우를 제외하고는 인플레이션은 자본주의의 지속적 성장을 위해서 필요한 경제 상황이다.

스테그플레이션은 경기가 둔화된 상태에서 물가가 상승하는 것을 말한다. 이런 경우는 경제 성장에 비해 물가가 높은 상태여서 사회적으로 불만이 많을 수 있다. 경제 성장을 위해 노력하지만 사회적인 희생이 필요하기 때문이다. 유럽 선진국들이 지금 이러한 상황에 있고, 과거 1970년 미국도 오랜 시간 이런 경제 상황에 놓여 있었던 적이 있다. 이때 미국은 극단적인 처방을 내려 지금의 인플레이션 시대로 돌려놓았다. 미국이 취한 극단적인 처방은 고금리 정책이었다. 고금리가 되면 기업과 가계는 소비를 줄일 수밖에 없고, 실업률은 상승할 수밖에 없다. 외부적으로 전쟁, 석유 파동까지 겹치면서 미국은 고금리 정책이라는 극단적 정책을 펼쳐 모든 것을 제자리로 돌려놓았으나 그로 인한 사회적 희생도 만만치 않았다.

디플레이션은 경제 성장이 거의 멈추었다고 해도 무방할 정도로 물가 또한 상승하지 못하는 상황을 말한다. 이때는 사회적인 불만보다는 지쳐 있는 모습을 보인다. 사회적으로 미래에 대한 희망이 그리 낙관적이지 못한 상황이라고 보면 될 것 같다. 디플레이션 하면 대표적인 나라가 일본이다. 물가가 안정되었다는 것은 한편으로는 경제가 안 좋다는 것을 의미한다. 물가가 상승하면 임금도 상승하게 된다. 다시 말하면 물가가 상승하지 않는다는 것은 임금도 상승하지 않고 있다는 것을 의미하며, 임금이 상승하지 않는다는 것은 소비가 진작되지 못하고, 소비자가 저렴한 물건만 찾는 상황이다. 이런 소비자 동향에 기업은 과감한 투자를 하지 않고, 낮은 경제 체제를 유지하게 되며, 이러한 경제 상황이 장기간 지속되면 경제 성장은 사실상 어렵게 된다. 그래서 각 나라들은 디플레이션을 매우 경계한다. 이러한 상황이 장기간 지속되었던 일본은 최근 들어 탈출하는 모습을 보이고 있다. 일시적일지 아니면 아주 탈출할 것인지는 두고 봐야겠지만 분명한 것은 물가가 상승하고 있다는 것이다.

일단 물가가 상승한다는 것은 임금이 상승했거나 통화량이 막대하게 풀려서 많은 사람들이 돈을 쓸 수 있게 되어 물가가 상승한 것일 수도 있다. 물가가 상승하면 경제는 선순환 방향으로 움직일 수 있다. 이렇게 하기 위해서는 정치, 경제, 기업, 산업, 금융, 사회 등의 통합적인 합의가 있어야 한다. 중앙은행은 저금리로 대출 비용을 적게 해 돈을 사용할 수 있게 하고, 정부는 환율의 가치를 낮추어서 기업들의 가격 경쟁력을 일으켜야 하며, 기업은 그 경쟁력을 가지고 내수 중심에서 수출 중심으로 변화를 주어야 한다. 이를 위해 인력을 채용하고, 고급 인력에게는 임금을 높여줘서 기업의 활력을 불어넣어야 한다. 가계는 이러한 폭넓어진 취업과 임금 상승에 소비가 진작되고 다시 기업은 품질이 좋으면서 가격이 인상된 제품을 판매해 기업의 질적 경쟁력을 높이는 선순환 구조가 이루어지게 된다.

사회는 이런 양적으로 질적으로 성장되는 경제에 맞춰 교육도 다양해지고, 많은 사람들은 이런 상황에서 새로운 기회를 가지면서 사회 전반이 활기찬 모습으로 변모하게 된다. 다만, 이런 경우 과거에서 벗어나기 위해서는 변화에 따른 시행착오와 고통이 있게 마련이다. 그렇기 때문에 정부, 기업, 가계가 과거에서 벗어나기 위한 사회적인 공감대가 반드시 형성되어야 한다. 리더십 하나만으로는 어렵고, 모두가 이해하고 해야 된다는 의지가 있을 때 가능한 일이라고 본다.

그럼 이 장의 시작으로 돌아가서 인플레이션과 경제 성장 시기에 대한 각각의 상황을 살펴보도록 하겠다. 첫째, 가장 좋은 시기는 저인플레이션과 고성장 시기다. 이때는 주식 시장과 부동산 시장, 그리고 상품 시장의 성장이 매우 높다는 것을 알 수 있는데, 아무래도 물가가 낮으면서 고성장을 한다는 것을 의미한다. 투자 여력도 생기고, 소비도 진작되기 때문에 이 시기가 바로 선진국들이 과거 겪었던 고도 성장기라고 볼 수 있다. 최근 중국이 그러했고 베트남, 인도네시아 등도 마찬가지며 앞으로 나타나게 될 신흥 경제국에서도 마찬가지 현상이 반복될 것이다. 이런 경우의 경제 상황을 '골디락스(Goldilocks)'라고 부를 수 있다. 경제 성장률은 높지만 물가 상승의 압력이 적은 상태를 일컫는 골디락스의 경제 성장은 모든 것이 적당한 상황을 의미하고, 가장 이상적인 경제 상황이라고 할 수 있다.

둘째, 저인플레이션이자 저성장 시기에는 주식 시장과 부동산 시장, 상품 시장이 상승세가 있다. 하지만 주식 시장을 빼고 부동산 시장과 상품 시장은 낮은 성장을 보여준다. 우선 기업은 이 시기에 그나마 나은 편이다. 왜냐하면 물가가 낮고 성장이 낮으면 중앙은행은 낮은 금리를 유지할 확률이 높기 때문에 기업의 체질이 변화된 상황에서는 저금리가 기업에 많은 도움이 된다. 다른 시장도 마찬가지이나 부동산 시장은 가격 자체가 크기 때문에 쉽게 움직여지지 않는다.

반면, 셋째 고인플레이션과 고성장 시기에는 물가를 잡기 위해 고금리 정책을 펼치기 때문에 기업들에게는 좋지 않다. 하지만 물가가 상승하는 상황이기 때문에 물가와 연동되는 부동산 시장과 상품 시장에서는 높은 성장을 볼 수 있게 된다. 대출이 원활하게 이루어지지 않음에도 일부 현금이 있는 사람들이나 기업들에 의해 부동산 시장은 상승한다. 이 시기에는 흥미롭게도 예술품 시장이 성장한다. 물가가 높다고 해도 경제 성장이 뒷받침되는 상황이라면 일부 사람들에게는 상관없기 때문이다. 수익률 측면에서는 낮지만 그래도 부자들에게는 유리한 경제 상황이다.

마지막으로 고인플레이션과 저성장 시기에는 모두가 낮은 성장을 보여준다. 소득이 줄고, 소비가 줄어드니 당연히 비싼 부동산은 하락할 수밖에 없고, 상품 시장이나 예술품 시장도 거의 성장이 없다고 볼 수 있다. 다만 주식 시장만은 살아 있게 된다. 낮은 경제 성장이라고 해도 경제 성장 주체는 기업이기 때문에 주식 시장은 지속될 수밖에 없다.

이상으로 우리는 인플레이션과 경제 성장에 대한 네 가지 경우를 보았는데 투자자는 이러한 상황이 닥쳤을 때 지혜를 가져야 한다. 지식적으로 알고 있는 것은 아주 단순할 수 있지만, 제대로 이해하고 투자에 적절하게 적용하는 것은 매우 어렵다. 따라서 성공한 투자자들은 오랜 시간 동안 각각의 상황 속에서 투자를 하고, 지금의 모습을 갖추게 된 것이라고 볼 수 있다. 지혜는 지식과 경험에서 얻는다고 한다. 성공적인 투자자가 되려는 당신에게도 이런 과정이 어쩌면 필요할지도 모른다.

# 한국에서 자산 증식은
# 어떻게 하면 좋을까?

투자자는 투자 대상에 대한 공부가 필요하다. 투자 대상마다 투자 전략이 다르며 주식 시장 같은 경우 나라마다 투자 전략이 다르다. 심지어 주식 트레이딩별로 접근 방법도 다르다. 이처럼 다양성을 가지고 있는 투자 세계에서 '낮은 가격에 사서 높은 가격에 판다'는 아주 기본적인 원리 하나를 가지고 모든 시장, 그리고 모든 투자 대상에 적용하면 안 된다. 절대 잊지 말자! 트레이딩별로 다르고, 시장별로 다르고, 지역별로 다르다는 것을 말이다.

그렇다면 한국에서 자산 증식은 어떻게 하면 좋을까? 그냥 주식에 투자하면 될까? 통계에 따르면 서울 아파트 가격이 35년 동안 연 6.7% 수익률을 냈다고 한다. 2023년 기준으로 볼 때 약 1980년도 후반부터 서울 아파트 가격의 연간 상승률이라고 볼 수 있는데, 그 당시보다 2000년대 들어서 부동산 가격 상승률은 더욱 올랐다. 단순히 평균치를 낸 통계로서 최근 상승률이 높았던 점을 감안하면 낮은 수치일 수 있다.

그래서 최근 10년간 연 6.7%로 수익률을 계산했더니 순이익이 100%로 나왔다. 즉, 집값이 두 배가 되었다는 것을 의미한다. 물론 중간에 집값 하락 시 매수했다면 더 큰 수익이지만 평탄하게 10년간 상승했다고 가정할 때 집값은 두 배가 되었다는 말이다. 아마 이 부분에 대해서는 대한민국 국민이라면 동의할 것이다. 여기서 직전 10년은 2023년부터 뒤로 간 2013년이라고 보면 된다.

그렇다면 주식 시장으로 넘어가서 코스피는 어떠했을까? 놀랍게도 +20% 밖에 상승하지 못했다. 부동산 가격보다 훨씬 못 미치는 수익률이다. 다시 말해 10년간 코스피에 투자하는 펀드를 보유하고 있던 투자자들은 고작 20%의 수익만 보았다는 것을 의미한다. 너무 많은 차이가 나는 것을 알 수 있다.

예금은 어떠한지 계산해보니 예금은 단리기 때문에 연평균 3% 이자라고 할 때 10년 후 수익률이 +30%다. 코스피가 예금의 단리보다도 못하다는 결과가 나온 것이다. 물가는 어떠한지 계산해보았다. 물가 역시 연평균 3% 상승이라고 할 때 물가 상승률은 복리로 가기 때문에 10년간 +34%의 상승을 보였다. 예금을 하지 않는 사람들은 물가 상승률보다 못하기 때문에 주식 시장에 투자하는 것인데, 예금보다 못하고 물가 상승률보다 못하다고 하면 이것은 대단히 큰 문제다. 이렇게 볼 때 우리는 금융권의 지수형 간접상품에 가입하지 말았어야 하는 것이었다. 수많은 국민들이 펀드에 가입했는데도 10년이 지난 상황에서 수익을 못 보았다고 하는 이유가 여기서 알 수 있다.

이웃 국가들의 주식 시장 상황을 보면 직전 10년간 독일, 영국, 프랑스는 대략 +50%정도며, 일본은 아베노믹스 이후 10년이기 때문에 무려 +100% 상승을 보였다. 미국 같은 경우는 다우존스 지수는 +100%, S&P500 지수는 +200%, 나스닥 지수는 +600%다. 이것이 진실이다.

우리는 이 사실을 정확히 이해해야 한다. 한국 시장이 좋다, 나쁘다 식으로 보지 말고 서두에 말했듯이 시장에 대한 이해를 해야 한다는 것이다. 한국 시장은 왜 이렇게 저조할까? 그 원인은 시장의 크기가 작아서 그렇다. 한 예로 전 세계 시가총액의 50%를 미국이 차지하고, 독일, 영국, 프랑스가 4%, 일본은 5~7%다. 한국은 1.8%로 2%도 안 되는 시장을 보여주고 있으니 전 세계 기관 투자자들에게는 중장기적인 관점의 시장이 될 수 없는 것이다. 이 이야기는 매수할 수 있는 그릇이 매우 작기 때문에 매수하고 싶어도 할 수 없다는 것을 의미한다. 그래서 MSCI 선진국 지수 편입을 시장은 원하고 있다. 그렇게 되면 지금보다 시장의 규모가 커지기 때문에 최소한 물가 상승률보다는 높은 수익률을 가질 수 있다. 그러나 쉽지 않을 것이다. 여러 가지 풀어야 할 사항들이 많다. 재벌과 창업자 중심의 기업 지배구조, 가업 승계, 상속세, 국민연금의 수익률 중심의 개혁과 각종 카르텔의 해체 또는 개혁, 외국 기관 투자자들 설득 등 수많은 사항을 풀어가야 한다 .

그렇다면 한국에서 투자자가 자산 증식을 하려면 어떻게 해야 할까? 여기서 자산 증식이란 말 그대로 스스로 자산이 커지는 것을 말하는데, 한국에서는 부동산이 여기에 해당된다. 물론 주식 시장에서 일부의 기업들이 코스피 지수 이상으로 크게 상승한 기업들도 있지만 평균을 가지고 본다면 대체로 주식 시장은 자산 증식으로 적합하지 않다는 것을 알 수 있다. 그래서 한국 주식 시장은 단기 투자로 접근하면 좋다. 단기 투자란 며칠을 두고 사고파는 것이 아니라 경제 사이클을 통한 투자를 말한다. 왜냐하면 우리나라 시장의 또 다른 특징은 수출 기반 경제며, 제조업을 기반으로 두고 있기 때문에 업종에 대한 사이클이 존재한다는 것이다.

우리나라 주식 투자는 이러한 점을 고려해서 투자하면 좋은 결과를 가지고 갈 수 있다고 본다. 단순한 시세차익에 대한 것은 어느 나라나 어느 자산이나 존재한다. 이런 경우를 배제하고 보면 한국 시장에 대한 접근은 분명해진다. 다시 말해 한국 시장은 수익이 많이 나면 이익 실현이 필요하다는 것을 의미하기도 한다. 미국 주식 시장은 중장기적으로 보유 목적으로 하면 되기 때문에 중간에 사고파는 것은 오히려 역효과를 보는 경우도 있다.

따라서 중장기적이고, 자산 증식을 하기 위해서는 미국 주식 시장이 적합하고, 다른 투자 대상으로는 한국 주식보다는 부동산 시장이 적합하다는 것을 말하고 싶다. 그리고 한국 주식 시장은 단기 투자로 접근하면 전체 자산 운영에 도움이 된다고 말하고 싶다. 지금까지는 과거에 대한 해석이었다. 앞으로는 어떻게 변할지 모른다. 물론 앞으로 변하지 않을 수 있다. 하지만 투자자들은 항상 열린 마음과 유연한 사고로 매 상황을 보는 것이 중요하다. 이것이 올바르고, 지혜롭고, 현명한 투자자의 길로 가는 길이다.

# 각 자산의 흐름도
## - 채권, 주식, 경제, 부동산

자산 시장과 경제는 하나지 따로 움직이는 것이 아니다. 하나지만 서로 연결되어 있는 개별이기도 하다. 자산 시장과 경제는 서로 다른 방향이 아니라 같은 방향으로 가며 단지 시간차가 있을 뿐이다. 일반적으로 채권 시장, 주식 시장, 그리고 부동산 시장으로 나뉜다. 이 외 상품 시장도 있지만 큰 자산 시장을 중심으로 세계가 움직이고 있다는 것을 모두가 안다. 그러면 각 자산 시장의 연결고리와 시간차에 대해 알아보자. 이것을 알려면 창업을 한다고 가정해보면 쉽게 이해가 될 것이다.

창업을 하기 위해서는 최소의 자기 자본이 있어야 한다. 좀 더 필요하다면 대출을 받아야 한다. 그것이 은행이든 회사채를 발행하든 이자를 지급하는 방식의 자본이 들어오게 된다. 바로 이것이 채권 시장의 기본적인 원리다. 그것이 회사채든 지방채든 국채든 원리는 같다. 그런데 여기서 중요한 점은 채권은 채무 관계로 이루어진 금전 관계라는 것이다. 그래서 신용이 가장 중요하다. 기업의 신용도, 정부의 신용도 또는 경기 성장에 대한 확신이 있을 때 채권 시장은 활발하게 움직인다. 즉, 돈이 원활히 흐르게 된다는 것이다.

이렇게 얻은 대출금으로 회사는 더욱 생산 활동에 매진해 실적도 좋아지기 시작하고, 그러면 투자자들이 나타나기 시작한다. 이때 투자자들은 주식 투자자로, 상장을 통해서든 비상장을 통해서든 투자 자본은 주식 시장에 흘러들어가서 기업의 생산 활동에 더욱 기여하게 되며, 개인이나 금융 기관들도 기업의 왕성한 생산 활동에 관심을 가지며 주식 시장에 적극적으로 참여하게 된다. 기업은 기업대로 실적이 좋아지고, 투자 시장은 가격 상승이 되면서 소비도 증가하는 효과를 보게 된다. 이렇게 기업과 소비는 좋아지면서 경제 지표는 호전되는 모습을 보여주며, 여기에 개인 소득과 금융 자산의 소득이 높아지면서 부동산 시장의 거래도 활발하게 진행된다.

다시 정리하면 채권 시장이 움직이고 나면 주식 시장이 움직이고, 이는 호전된 경제 지표를 보여주고 다시 이것은 부동산 시장에 활력을 준다. 각 단계로 넘어갈 때 통산적인 기간은 반년에서 1년이라고 한다. 다시 말해 채권 시장 이후 6개월에서 1년 정도 되면 주식 시장에 영향을 주고, 주식 시장도 마찬가지로 6개월에서 1년 정도 지나면 경제 지표에 영향을 주며, 이후 부동산에도 영향을 주게 된다. 그래서 각 단계로 넘어갈 때 시간차는 6개월에서 1년 정도다. 경제학에서는 '경제 지표를 보고 주식 시장을 전망하지 말고 주식 시장을 보고 경제를 전망하라'는 말도 있다.

반대로 채권 시장이 얼어붙게 되면 기업은 생산 활동을 공격적으로 하지 않거나 못하게 된다. 개인도 마찬가지다. 일부 자영업자들은 자금 회전이 안 되어 어려움을 겪는다. 이후 주식 시장은 기업의 실적이 저조하게 발표되는 것을 보게 되고, 주가는 하락할 수밖에 없다. 경기 지표는 기업의 생산 활동과 개인의 소비 활동 위축으로 나쁘게 나오게 된다. 이로 인해 부동산 시장도 하락할 수밖에 없다. 이런 시기가 바로 사람들이 경기가 안 좋다고 하는 시기다.

그렇다면 투자자는 주식 시장의 상승이나 하락을 볼 때 무엇을 예의주시하면 될까? 맞다. 바로 채권 시장이다. 채권 시장은 전체 자산 시장(주식, 부동산, 원자재 포함) 중 상당한 부분을 차지하고 있기 때문에 주의 깊게 관찰할 필요가 있다. 그렇다면 채권 시장에 영향을 주는 것은 무엇일까? 그것은 바로 금리다. 왜냐하면 채권 자체가 이자에 대한 부분이 있고, 이자를 잘 받을지 못 받을지 높게 받을지 적게 받을지는 매우 중요하기 때문이다. 채권은 중앙은행의 기준금리에 직간접적으로 영향을 받기 때문에 주식 투자자들은 중앙은행, 즉 미국 연준의 금리 정책을 잘 읽어내야 한다. 따라서 미국 연준의 금리 정책에 따라 채권 시장은 주식 시장에 긍정적인 상황을 만들어줄 수도 있고, 그렇지 않을 수도 있다는 것을 이해해야 한다.

# 부동산, 주식, 산업의
# 주기성 중첩 시

지금부터는 코로나19, 그전의 미국발 서브프라임 모기지론 사태, 심지어는 1990년 일본발 버블 경제 붕괴 등 전 세계 경제에 충격을 준 일련의 사건들의 연관성에 대해 알아보려고 한다. 이들 사건은 경제적인 측면에서 볼 때 세계를 강타한 꽤 큰 사건들이었다. 특히 미국 경제에 타격을 주는 초대형 사건들이었다고 할 수 있다. 어떤 사건이 미국에 직접적인 영향을 줄 수 있는 것은 미국 본토에서 일어나는 전쟁일 것이다. 전쟁이 아니라면 경제밖에 없는데 그 경제적 위기는 주기성을 가지고 있다는 것이 특징이다. 우리가 그것을 조금이나마 이해한다면 투자 전략을 수립하고 실행하는 데 매우 도움이 될 것이라고 본다.

자산 시장 중 가장 큰 시장이 부동산 시장이다. 부동산 시장은 주기를 가지고 있는데 평균 18년이라고 한다. 1932년 미국의 도시사회학자인 호머 호이트(Homer Hoyt)는 세계 최초로 부동산 가치의 주기적 등락에 대한 포괄적 연구를 논문으로 작성했다. 100여 년에 걸친 시카고 토지 가격 변천사를 분석해 부동산 주기가 18년이라는 것을 알아냈다. 그리고 로이 웬즐릭이라는 부동산 중개인이자 부동산 회사 운영자는 1974년에 논문을 발표하는데, 178년간의 미국 전체 부동산을 다룬 논문이었다. 여기서도 부동산 주기가 18년이라는 것을 알게 되었다. 또한 영국의 부동산도 미국의 부동산 주기와 비슷한 양상을 보였다. 부동산 시장에서 주기를 18~20년으로 보는 이유가 바로 여기에 있다. 참고로 부동산은 정부의 정책이 발표가 나고 나서 대규모 단지를 계획하고 입주를 한 후, 생활권이 조성되는 데 거의 20년의 시간이 걸린다고 한다.

주식은 금융과 연관이 있고, 통상적으로 10년 전후로 주기를 보고 있으며 이는 경기 순환과 직접적인 관계를 가지고 있다. 그리고 산업 주기는 산업혁명처럼 80년의 긴 주기도 있지만 4.5년 주기와 같은 짧은 주기도 있다. 산업 주기는 기업들의 재고 사이클과도 연결된다. 재고 사이클이 통상적으로 4.5년을 유지하기 때문에 어찌 보면 경제 순환과도 맞물릴 수밖에 없다.

그럼 자산 시장에서 가장 큰 부동산과 주식 그리고 산업의 주기를 중첩해보겠다. 이 세 가지 시장이 동시에 일어난다고 가정할 때 18년인 부동산 주기가 가장 길며, 그다음 주식, 즉 경제 주기가 9년인데 부동산 주기에 2번의 주식 주기를 겹칠 수 있게 된다. 산업 주기는 4.5년이므로 주식 주기에 2번 중첩되며, 부동산 주기에는 4번 중첩된다. 이 세 가지 주기를 중첩했을 때 첫 번째 4.5년에는 산업 주기만 하락세고 부동산과 주식 시장은 살아 있어서 이때는 경제에 그리 큰 충격을 주지는 못한다. 그다음 4.5년에는 주식 시장과 산업이 같이 하락하는 시기이므로 경제에는 충격을 준다. 문제는 부동산과 주식, 그리고 산업의 주기가 모두 일치되는 18년 해에는 경제에 미치는 영향이 매우 크다는 것이다. 이때는 거의 경제 붕괴 수준까지 갈 수 있다. 왜냐하면 부동산이 18년 가깝게 상승했다는 것을 의미하기 때문에 이 문제가 터지게 되면 주식뿐만 아니라 산업에도 막대한 영향을 줄 수 있는 것이다.

| 부동산, 주식 & 금융, 산업 주기 |

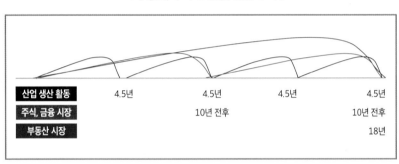

출처 : 저자 작성

그렇다면 앞으로 언제 큰 일이 다시 일어날지 주기성을 가지고 알아보도록 하자. 최근 가장 가까운 시기에 부동산으로 미국 경제가 붕괴된 시점을 파악해보자. 18년이라는 숫자는 산업의 주기와 주식과 경제의 주기 그리고 부동산의 주기가 모두 일치하는 시기를 말한다. 그 시기가 과거 18년의 끝이자 새로운 18년의 시작이기 때문이다.

바로 2008년 미국발 서브프라임 모기지론 사태가 여기에 해당된다. 이 시기에 경제 침체는 긴 편에 속했고, 전 세계적으로 부동산 폭락을 맞이했던 시기다. 이 시기를 기점으로 과거 18년의 시간을 거슬러 올라가면 1990년에 발생한 일본발 버블 경제 붕괴가 있었다. 공교롭게도 시간적인 주기성에 맞아떨어지고, 그전 시간을 보면 미국의 스테그플레이션 시대인 1970년대 초반으로 갈 수 있다. 이 시기 미국은 매우 혼란하고 고통을 이겨내야 하는 시기였다. 가정이지만 이렇게 볼 때 앞으로 다시 이런 초대형 사건이 발생할 수 있다는 것을 예상할 수 있다.

그러면 언제 과거와 같은 큰 위기가 올까? 2008년 미국발 서브프라임 모기지론 사태를 기점으로 앞으로 18년을 더하면 2026년에서 2030년 사이에 2008~2009년과 같은 경제 침체가 다시금 일어날 수 있다는 것을 의미하기도 한다. 이때는 과거처럼 경기 침체 구간이 길게 나타날 수 있다. 전 세계의 부동산 가격은 반 토막이 날 수도 있다. 물론 이것은 어디까지나 과거의 통계치에 따른 가정에 불과하나 이것이 꼭 숫자에 불과한 것이라고 무시할 수 없는 부분도 있다. 물론 여러 변수가 많겠지만 투자자는 이런 부분에 대해 한 번쯤은 이해하고 있을 필요가 있다고 본다. 상황이 언제 닥칠지 모르지만 앞으로 닥칠 상황의 배경에는 무엇이 있을 수 있다는 것에 대해 이해할 필요가 있기 때문이다. 하지만 위기는 기회라고 이 시기에 새로운 부의 탄생이 늘 있었다. 이것은 필연적이었고 앞으로도 마찬가지다. 나는 바로 이 점을 이야기하고자 하는 것이다.

많은 사람들은 열심히 산다. 그런데 운이 안 따른다고 한다. 운은 노력한 자에게 운명이 놓아주는 다리라고 하는데 그 다리를 알아볼 수 있는 능력을 우리는 가지고 있어야 한다. 공부를 안 하고 세상 변화에 무관심한 상태에서 열심히 일해도 그 운은 내 것이 될 수 없다.

미래를 예측하는 것은 말도 안 되는 일일 수 있다. 그러나 다행인 것은 경제 순환 자체가 주기성을 가지고 있다. 이것은 예측도 가능하다는 것을 의미한다. 한 치 앞을 보는 점쟁이가 될 수 없지만 지식과 경험을 쌓다 보면 큰 흐름을 읽을 수는 있다고 본다. 언제 위기가 닥칠지는 모르지만 현재 상황이 과거와 비슷하다고 느끼게 된다면 그것만이라도 그 사람의 판단은 아무것도 모르는 사람의 판단보다 훨씬 유리할 수밖에 없다. 운을 잡을 것인가 아니면 놓칠 것인가의 판단이 되면 향후 인생의 길이 확연하게 다르게 나타날 것이다.

| 부동산 18년 주기 |

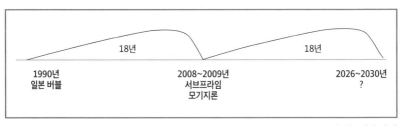

출처 : 저자 작성

# 메릴린치의 투자 시계, 그리고 4차 산업

　글로벌 투자 은행인 메릴린치는 과거 미국 증시를 바탕으로 경제 순환에 맞춰 투자 방향을 잡는 모델을 만들었다. 이것이 유명한 메릴린치 투자 시계다. 이 투자 모델은 100% 맞지는 않다. 왜냐하면 시대적 환경, 그리고 인구 변화, 전쟁, 자연재해, 나라별 경제 상황 등이 많아서 완벽한 투자 모델은 될 수 없다. 하지만 충분히 투자에 적용할 만한 부분이 많기 때문에 투자자에게는 유익한 모델이 아닐 수 없어서 이번 장에서 공부해보도록 하겠다.

　메릴린치 투자 시계는 경제 순환에 따른 성장과 하락, 그리고 그 경제 상황에 맞는 투자 대상에 대해 자세하게 표현해두었다. 경기가 회복되거나 과열 시에는 주식 투자가 맞고, IT나 제조 그리고 선택성 소비재와 같은 업종이 유리하다. 그리고 경기가 하락 시에는 의약품이나 일상 소비재가 유리하며, 공공사업과 유틸리티, 금융이 여기에 해당된다. 이 시기에 소비 감소로 병원비도 아껴야 하는 상황이기 때문에 의약 관련 업종이 좋을 수 있고, 일상 소비재는 경기 변화가 찾아오면 소비를 줄이게 되어 일시적으로 어려울 수 있으나 시간이 지나면 제자리를 찾게 된다.

투자 자산은 경기가 좋을 때 주식과 원자재와 같은 상품 시장이 상승세가 되지만 경기가 안 좋을 때는 채권과 현금을 보유하려는 투자 심리가 강하다. 왜냐하면 위험 자산에 대한 포트폴리오 구성에서 안전 자산을 추가한 포트폴리오를 구성하기 때문이다. 하지만 이때가 주식 투자자에게는 적기다. 경제가 안 좋을 때 투자해 경제가 좋을 때 좋은 수익률을 내는 것이지 경기가 좋을 때 투자하면 기대 수익률이 적을 수밖에 없기 때문이다. 실제로 이 시기에 위험 자산을 운영하는 기관 투자자들은 현금이나 채권 비중을 개인 투자자들이 생각하는 것처럼 크게 생각하지 않고 자산의 일부에 안정성을 추구하는 목적으로 비중을 확대한다. 또는 저가의 위험 자산 매수 목적으로 현금 비중을 늘리기도 한다. 따라서 상황마다 다르겠지만 이 시기에는 투자 전략을 여러 가지로 세울 필요가 있다.

다음은 주식 시장에서 경제 상황과 업종별 수익률을 나타낸 표다. 우선 침체기는 필수소비재와 금융이 강세다. 그리고 의약도 강세다. 과열 시기에는 IT와 제조가 강세를 보이고, 회복 시기에는 선택성 소비재가 좋아지는 모습이다. 여기서 선택성 소비재는 경제 전체를 이끌어가는 전기전자, 자동차가 아닌 일반적인 소비재다. 필수 소비재가 주로 식음료와 관련된 것이라면 선택성 소비재는 작은 사치성 소비재가 된다. 석유와 가스도 경기 침체 구간에서는 맥을 못 추는 것을 알 수 있다.

| 침체(%) | 회복(%) | 과열(%) | 스테그플레이션(%) |
|---|---|---|---|
| 필수 소비재 13.3 | 선택성 소비재 3.8 | 과학기술 4.7 | 석유가스 14.7 |
| 금융 11 | 통신 3.7 | 공업 4.3 | 의약 11.6 |
| 선택성 소비재 8.9 | 과학기술 3.3 | 석유가스 4.2 | 공공사업 6.4 |
| 의약 5.6 | 금융 1.4 | 의약 2.9 | 필수 소비재 2.5 |
| 원자재 0.5 | 공업 -0.4 | 필수소비재 1.1 | 공업 2.1 |
| 공업 -4.5 | 원자재 -2.4 | 통신 -0.9 | 원자재 2.1 |
| 과학기술 -4.6 | 필수소비재 -3.1 | 금융 -1.8 | 금융 1.6 |
| 공공사업 -4.7 | 공공사업 -3.1 | 공공사업 -3.2 | 통신 0 |
| 통신 -10.2 | 석유가스 -4.4 | 원자재 -3.6 | 선택성 소비재 -8.9 |
| 석유가스 -12.8 | 의약 4.5 | 선택성 소비재 -5.8 | 과학기술 -12.5 |

출처 : 저자 작성

그러나 경기 순환을 통해 앞의 내용대로 투자한다는 것은 4차산업혁명 시기로 접어든 이 시기에는 적합하지 않을 수 있다. 그 이유는 업종 간 경계가 사라지고 있기 때문이다. 예를 들면 아마존이 유통인지 IT인지 구분이 안 가고, 은행이 이제는 IT가 되고 있고, 전통적인 제조인 자동차 회사도 모빌리티라고 부르고 있다. 의료산업도 IT를 통한 각종 솔루션과 프로그램이 제공되고 있어서 사실상 메릴린치 투자 시계는 과거의 유산이 되어가고 있다고 해도 과언이 아니다.

실제로 나스닥 시장의 시가총액 최상위 기업들은 업종의 벽을 허물었고, 새로운 혁신적인 업종을 일으키고 있다. 절대 자본으로 과거의 업종간 구분을 무너뜨렸다고 해도 과언이 아니다. 그래서 실제로 최근에는 과거와는 달리 경제 순환에 따른 업종별 투자가 그다지 효과를 보지 못하고 있다고 본다.

이처럼 투자가 시대 상황과 각 산업에 따라 달라질 수 있다는 것은 분명하다. 그래서 투자자들은 유연한 사고를 해야 하고, 때로는 입체적이면서 과거를 잊고 혁신을 맞이할 수 있는 냉철한 사고도 필요하다. 이런 사리분별을 하려면 과거에 대한 이해도 필요하다. 그래야 앞으로 전개되는 상황에 대해 이해할 수 있기 때문이다. 투자자들은 과거를 무시하지 말고 과거로부터 배워야 한다. 이 점을 명심하기를 바라며, 또한 새로운 것을 배척하지 말고 유연한 사고로 접근한다면 투자자로서 좋은 결과를 가질 수도 있고, 최소한 지혜를 얻을 수 있을 것이다.

# 주식 투자는
# 수급을 볼 줄 알아야 한다

투자에서 가장 중요한 것은 내부 요인인 기업의 실적도 아니고, 외부 요인인 금리와 같은 대외 변수도 아니다. 이보다 더 중요한 것은 바로 수급이다. 수급은 관심으로 표현할 수 있고, 관심이 돈과 심리와 함께 작용할 때 수급으로 변하게 된다. 수급을 내부적인 요인과 외부적인 요인으로 설명하면 다음과 같다.

먼저 내부적 요인에 의한 주가의 움직임을 보면 이렇다. 주식 투자는 주식을 사주는 사람이 많으면 주가는 상승하고, 주식을 안 사주거나 파는 사람이 많으면 주가가 하락하게 되어 있다. 이 말은 당연한 것이고, 누구나 다 아는 내용이다. 그런데 실전에서는 이런 기본적인 진리에 대해 무시하는 경향이 강하다. 그 이유는 자기 과신과 욕심, 그리고 두려움이 깔려 있기 때문에 가장 기본적인 것도 어렵게 느낄 때가 있는 것이다.

앙드레 코스톨라니(Andre Kostolany)는 이를 '소신파'와 '부화뇌동파'로

나누었다. 그는 소신파에게 주식이 많으면 주가는 상승하고, 부화뇌동 파에게 주식이 많으면 어느 순간 하락하게 된다는 것을 이야기했다. 이 말을 쉽게 개인 투자자들에게 적용하면, 처음에는 소신파에 의해 기업 의 주가가 상승하기 시작한다. 이때 소신파들은 해당 기업의 주가를 일 정 기간 매수하기 때문에 주가는 이유 없이 상승하기 시작한다. 이후 뉴 스에서 해당 기업의 주가가 상승하는 이유를 이야기해주면 이 주식은 개인 투자자들에게 관심을 받게 된다. 그러면 개인 투자자들은 매수하 게 되고 이를 눈여겨본 다른 개인 투자자들마저 매수를 시작하면서 주 가는 상승이 아닌 급등을 하게 된다. 이때 개인 투자자들이 주식을 매수 할 수 있었던 것은 소신파들이 주식을 개인 투자자들한테 내놓기 때문 이다. 이 시기에 거래량은 증가세를 보이며 주가가 고점을 기록하는 날 은 대량의 거래량이 발생하게 된다. 이날 거래량은 소신파에서 개인 투 자자들에게 완전히 넘어가는 순간이라고 보면 되고 이를 '손 바뀜'이 이루어졌다고 말한다.

급등하는 주식이 거래량이 증가하는 것은 소신파에서 개인 투자자들 에게로 손 바뀜이 이루어지는 것으로 주가는 고점을 형성하게 된다. 주 가가 고가를 이루게 되면 추가 매수세가 없기 때문에 주가는 차츰 하락 한다. 이때 공매도 세력까지 합세하면 주가는 향후 가속도를 보이면서 하락하게 된다. 이때 주가는 하락하지만 거래량은 크게 늘어나지 않는 다. 이유는 소신파와 추가 매수세가 나타나지 않기 때문에 거래량은 줄 어든 상태에서 하락하게 된다. 이것은 아직도 개인 투자자들에게 주식 이 있다는 것을 의미하기도 한다. 왜냐하면 이들 개인 투자자들은 주가 가 다시 반등할 것이라는 기대에 주식을 내놓지 않기 때문이다. 오히려 공매도 세력만 주식을 내다 파는 상황만 연출되어 더욱 악화되는 모습을 보인다.

그리고 중간중간 반등하는 시기에 공매도 세력의 '숏 커버링', 즉 주식 상환을 위한 매수로 인해 거래량은 늘어난다. 이때 남아 있던 개인 투자자 중 일부가 매도에 나서면서 거래량은 증가하게 된다. 이후 주가는 다시 하락하면서 신규 매수세는 더욱 줄어들게 되어 주가의 반등은 아주 물 건너가게 되는 양상을 보인다.

이후 주가는 바닥에 바닥을 향해 가고 어느 순간에는 악재 뉴스로 도배되며, 주가가 반등할 때마다 거래량이 증가한다. 이것은 소신파들이 어느 정도 바닥이라고 생각하고 매수하면서 반등을 하는데, 이때 남아 있던 개인 투자자들은 그동안 버티다가 결국 주식을 내놓으면서 새로운 손 바뀜이 이루어지게 된다. 바로 이때가 바닥을 탈출하는 순간이며 거래량도 크게 증가한다. 이때 거래량은 나쁜 거래량이 아니라 바닥 탈출의 증가량이며 소신파 투자자들의 매수세 가담이기 때문에 긍정적인 신호로 보아도 된다.

이렇게 주가는 손 바뀜 또는 수급에 의해 상승과 하락을 반복한다. 투자자는 이런 상황을 이해해야 한다. 급등하는 주가는 특히 이런 현상이 일괄적으로 나타난다. 조금만 냉철하게 접근한다면 좋은 수익률을 가질 수 있다. 하지만 이 상황에 대해 외면하거나 냉철하지 못하다면 좋지 않은 결과를 가질 수 있음을 명심해야 한다. 때로는 차트가 도움이 될 수 있다. 순간순간의 움직임을 보는 차트 분석보다는 흐름을 이해하는 차트 분석을 공부해두면 주식 수급과 관련해서 조금이나마 도움이 될 수 있기에 차트 공부도 할 필요가 있다고 본다.

다음으로는 외부적 요인에 의한 수급인데, 이 책에서 자세히 다룬 내용이라 생략하겠다. 다만 꼭 알아야 할 것은 돈의 성질을 잘 이해하고 있으면 된다는 사실이다. 돈의 성질은 경기가 좋으면 수익성을 쫓고, 경기가 어려우면 안정성만 쫓는 것이 아니라 수익성도 함께 줄 수 있는 곳을 찾아간다는 것만 잘 기억하자! 이러한 돈의 성질을 이해하고 있으면 복잡한 거시경제에서의 돈의 흐름을 파악하는 데 그리 어렵지 않을 것이며, 수익 창출에 매우 도움이 될 것이다.

영화 <관상>에는 이런 대사가 있다.

*"우리는 시시각각 움직이는 파도만 본 격이지.*
*바람을 보아야 하는데…*
*파도를 만드는 건 바람인데 말이오."*

이 대사 중 파도를 움직이는 것이 바람이라고 하는데, 바람이 부는 원인을 필자는 돈의 수급이라고 본다. 돈의 성질에 의한 움직임이 수급을 만들어내고, 그 수급은 바람을 일으켜 파도를 만들기 때문이다. 앙드레 코스톨라니도 수급에 대해 매우 중요하게 언급했다. 수급을 놓고 모든 상황의 문제를 보면 다 이해되고, 투자 전략도 수립된다고 했다. 이 말에 전적으로 동의한다. 필자도 머니 사이클을 여러 차례 겪어보았고, 경제 순환과 인생을 연결 지어 살아보기도 했다. 인생을 살면서 돈의 흐름이나 수급이 우리 삶에서 매우 중요한 영향을 끼치고 있다는 것을 몸소 겪어보았기 때문에 앙드레 코스톨라니의 생각에 동감하지 않을 수 없다.

마지막으로 이 책은 예언서도 아니고 족집게 투자 서적도 아니다. 수급이라는 것을 이해하는 데 도움을 주기 위한 책이고, 인생을 살면서 꼭 투자뿐만 아니라 어떠한 결정을 내리는 데 있어서 좀 더 유리한 판단을 할 수 있게 도움을 주기 위해 쓴 책이라고 보면 좋겠다. 누구나 풍요로운 삶을 살기 위해 꿈을 이루어나가기도 하고 잘못된 결정으로 후퇴되는 삶을 살기도 한다.

인생을 살면서 세상을 넓게 보는 눈을 가져야 한다고 생각한다. 열심히 산 우리의 삶이 어려운 이유가 단지 자신의 노력이 부족해서라고 생각하면 안 된다. 나는 열심히 노력하면 누구나 잘살 수 있다고 하는 말에 파산 위기도 여러 번 겪어보았고 다시 오뚜기처럼 일어나보기도 했다. 그런데 열심히 노력하면 잘살 수 있다는 말이 얼마나 희망 고문인지 절실히 알았다. 파산 후 재기를 하기 위해서는 파산 전에 성공을 위해 했던 노력보다 10배의 노력이 필요하다. 다시 말해 늘 엄청난 노력을 하며 살았다는 것이다.

그렇다면 왜 어려웠을까? 그것은 세상을 보는 눈이 제한적이다 보니 노력 대비 힘들게 살 수밖에 없었다고 본다. 즉, 잘못된 결정으로 힘든 삶을 살았다는 것이다. 이것은 운이 없는 것이 아니라 운이 바로 옆에 있었음에도 불구하고 못 알아본 무지라고 할 수밖에 없다. 물론 지금은 그렇지 않은 삶을 살고 있고, 오히려 많은 사람에게 인생의 조언을 해주고 있다.

돈, 투자, 경제 그리고 삶과 행운은 모두 하나의 흐름으로 이어지고 있다. 이 흐름을 잘 이해하고, 잘 탈 때 노력에 대한 대가도 클 것이며, 인생이 긴 만큼 이 흐름에 몸을 맡겨 차근차근 간다면 꿈꾸는 풍요로운 삶은 멀리 있는 것이 아니라 지금부터 시작될지도 모른다. 이것을 젊은 나이에 깨우쳐서 30대 초반에 은퇴했다고 말한 사람이 있다. 바로 살아 있는 위대한 투자자 워런 버핏이다. 워런 버핏은 이러한 이치를 복리라는 개념에서부터 깨달은 것이 시작이 되었고, 그것을 몸소 증명한 위대한 투자자가 되었다. 우리도 충분히 이해할 수 있고, 꿈꾸는 풍요로운 삶을 미래에 두지 않고 바로 앞에 두고 살 수 있다. 이 책이 여러분이 꿈꾸는 풍요로운 삶으로 가는 길에 조금이나 도움이 되기를 바라며, 여러분의 삶을 진심으로 응원한다.

언론 매체는 사회 환경의 중요한 부분으로서 우리의 관심을 끌기 위해 다양한 관점과 특집 프로를 경쟁적으로 제공한다. 기업 및 투자 관련 기자들은 재미있는 이야깃거리를 들려주면서 독자의 흥미를 유발한다. 또한 보도자들도 사람들의 입에 오르내릴 만한 최선의 화제를 찾는다. 본질적으로 방송은 짧은 말로 우리의 주의를 사로잡지만, 진지한 투자 분석 정보를 전달하지는 못한다.

방송은 이야기를 전달하는 매체다. 언론 매체는 이야기 지향적인 우리의 편견을 악화시키고, 우리로 하여금 공식적인 투자 분석에서 멀어지게 만드는 경우가 많다. 언론 매체는 정보를 제공하고, 전문가 의견을 전하지만, 전문가들은 한 줄짜리의 짧은 설명이나 재치 있는 말로써 자신의 견해를 피력한다. 대부분의 전문가는 연구부서나 수많은 분석 도구들에 접근 가능해 우리는 그들의 견해가 철저한 분석을 바탕으로 한다고 생각하지만, 그들은 실제 분석에 대해서는 거의 말하지 않는다.

언론 매체는 우리의 흥미와 감정에 호소하기 위해 노력하고, 우리는 그런 매체에 접하면서 자연스럽게 매매 종목을 선정하고 매매 시점을 결정한다.

**주식 시장의 비밀**
# 머니 사이클

제1판 1쇄  2024년 5월 22일

지은이  안동훈
펴낸이  한성주
펴낸곳  ㈜두드림미디어
책임편집  우민정
디자인  김진나(nah1052@naver.com)

**㈜두드림미디어**
등  록  2015년 3월 25일(제2022-000009호)
주  소  서울시 강서구 공항대로 219, 620호, 621호
전  화  02)333-3577
팩  스  02)6455-3477
이메일  dodreamedia@naver.com(원고 투고 및 출판 관련 문의)
카  페  https://cafe.naver.com/dodreamedia

ISBN  979-11-93210-76-5 (03320)

**책 내용에 관한 궁금증은 표지 앞날개에 있는 저자의 이메일이나
저자의 각종 SNS 연락처로 문의해주길 바랍니다.**

책값은 뒤표지에 있습니다.
파본은 구입하신 서점에서 교환해드립니다.